Boiadeiro de Appenzell e Boiadeiro de Berna e Boiadeiro de Entlebuch

Luis Silva

Conteúdo

BOIADEIRO DE APPENZELL E BOIADEIRO DE BERNA E BOIADEIRO DE ENTLEBUCH   1

LISTA DE NÚMEROS   9

A HISTÓRIA DOS CÃES DE MONTANHA   10

Os antepassados do Sennenhunde   10
O cão da montanha Bernês era amado por agricultores e pastores.   11
O São Bernardo é um forte concorrente dos cães Dürrbach.   13
O nascimento da criação do Cão de Montanha Bernês   14
A primeira associação de criadores e a sua fundação   14
Popular para além da fronteira suíça.   15

O CÃO DA MONTANHA APPENZELLER   17

Origem, físico e aparência   17
Traço de carácter do cão da montanha Appenzeller   19
Quem é adequado como titular?   20
O cachorrinho - O que ter em atenção.   21
Escolher o nome certo.   22
Ensinar o treino de habitação.   22
Habituar o cão da montanha Appenzeller à coleira, ao arnês de peito e à trela.   24
A socialização do cão de montanha Appenzeller   27

VISITANTES NA CASA	28
CHAME O CÃO DA MONTANHA APPENZELLER PARA SI.	28
O QUE PROCURAR NA PARENTALIDADE.	**29**
O COMANDO "SIT	29
O COMANDO "SIT"	30
O COMANDO "STAY	31
O COMANDO "OFF	32
"NÃO!" TAMBÉM SIGNIFICA "NÃO!" - A PERSISTÊNCIA É IMPORTANTE NA FORMAÇÃO DE CACHORROS.	33
A TRELA INVISÍVEL	34
QUAIS SÃO AS CARACTERÍSTICAS ESPECIAIS DESTA RAÇA?	**35**
NUTRIÇÃO, SAÚDE E CUIDADOS	**36**
COMO É QUE O CÃO DA MONTANHA APPENZELLER ESTÁ DEVIDAMENTE TRATADO?	38
DOENÇAS TÍPICAS	**41**
ONDE SE PODE USAR O APPENZELLER MOUNTAIN DOG?	**42**
CÃES DE SERVIÇO EM GERAL	42
O CÃO DE MONTANHA APPENZELLER COMO CÃO TERAPÊUTICO	42
DOGTREKKING	43
FACTOS INTERESSANTES SOBRE O CÃO DE MONTANHA APPENZELLER	**44**

O CÃO DA MONTANHA BERNÊS   45

ORIGEM, FÍSICO E APARÊNCIA	**45**
TRAÇOS DE CARÁCTER DO CÃO DE MONTANHA BERNÊS	**48**
O SEU CARÁCTER SENSÍVEL	49
QUEM É ADEQUADO COMO TITULAR?	**50**
O CACHORRINHO - O QUE TER EM ATENÇÃO.	**51**

Como é que o Cão da Montanha Bernês aprende o seu nome?	52
Treino em casa no Cão da Montanha Bernesa	53
Manuseamento de trela no Cão de Montanha Bernês	54
Arnês de peito e colarinho como auxiliares	55
A mudança de direcção	56
O que se faz quando o jovem cão de montanha Bernês se torna um valentão com trela?	56
O que pode ser feito para que os Berneses já não sejam tão agressivos com a trela?	57
Ensine ao cão da montanha Bernês que ele também tem por vezes de ficar em casa sozinho.	58
Quanto tempo deve/pode um cachorro de montanha Bernês ser deixado sozinho em casa?	59
A escola de cães para o Cão de Montanha Bernês	60
A lição de brincadeira de cachorros	63
O erro mais comum no treino de cachorros.	64
O que procurar na parentalidade.	**64**
Onde é o melhor lugar para começar?	64
O comando "Come or Here	65
Regras claras para cachorros cachorros de montanha Bernese	67
É assim que o cachorro Bernês aprende o comando "Sit!	67
O comando "Sit!" é também importante para os mais pequenos.	68
Alguns pontos-chave a considerar no treino do Cão de Montanha Bernês.	69
Treino de cães - aprender e brincar ao mesmo tempo	69
Levantar o Cão de Montanha Bernês sem stress.	70

O CÃO ADULTO - QUAIS SÃO AS CARACTERÍSTICAS ESPECIAIS DESTA RAÇA?	70
DE QUANTA VARIEDADE NECESSITAM OS CÃES DE MONTANHA BERNESES?	71
O QUE DEVE TER EM ATENÇÃO AO COMPRAR UM CÃO DE MONTANHA BERNÊS?	72
NUTRIÇÃO, SAÚDE E CUIDADOS	**72**
NUTRIÇÃO	72
UMA COMPARAÇÃO DOS TIPOS DE NUTRIÇÃO	74
CRIAÇÃO E CUIDADOS DO CÃO DE MONTANHA BERNÊS	77
O CUIDADO DO CASACO	77
OS ALÉRGICOS DEVEM EVITAR OS CÃES DE MONTANHA BERNESES.	78
DOENÇAS TÍPICAS	**79**
QUAIS SÃO AS DOENÇAS TÍPICAS DA RAÇA BERNESE MOUNTAIN DOG?	79
DISPLASIA DA ANCA	79
DISPLASIA DO COTOVELO	80
ONDE SE PODE USAR O CÃO DE MONTANHA BERNÊS?	**82**
O BERNÊS COMO CÃO DE RESGATE	82
O CÃO DA MONTANHA BERNÊS COMO UM CÃO DE PROJECTO	83
FACTOS INTERESSANTES SOBRE O CÃO DE MONTANHA BERNÊS	**83**
CARACTERÍSTICAS ESPECIAIS DOS CACHORROS DE PÊLO CURTO DO CÃO DE MONTANHA BERNÊS E DO ANIMAL ADULTO	84

O CÃO DE MONTANHA ENTLEBUCH — 85

ORIGEM, FÍSICO E APARÊNCIA	**85**
APARECIMENTO DO CÃO DE MONTANHA ENTLEBUCH	85
TRAÇOS DE CARÁCTER DE ENTLEBUCH MOUNTAIN DOGS	87
QUEM É ADEQUADO COMO TITULAR?	88
UM CÃO DE PASTOREIO E DE GUARDA AINDA PODE SER UM CÃO DE FAMÍLIA?	88

MOSTRAR REGRAS QUANDO ESTÃO ENVOLVIDAS CRIANÇAS.	89
O CACHORRINHO - O QUE TER EM ATENÇÃO.	**89**
OS SEGUINTES PRINCÍPIOS BÁSICOS DEVEM SER OBSERVADOS NO TREINO DE CÃES:	92
DEIXAR O CACHORRO ENTLEBUCHER EM PAZ.	93
A SOCIALIZAÇÃO DO CACHORRO ENTLEBUCHER	94
A 4ª A 16ª SEMANA É A FASE DE IMPRESSÃO.	95
A PUBERDADE / A FASE DE FALHANÇO	96
PRIMEIRAS CAMINHADAS	97
ENSINO DE TREINO DE HABITAÇÃO	98
O QUE PROCURAR NA PARENTALIDADE.	**99**
ENSINAR OS COMANDOS BÁSICOS.	100
O COMANDO "AQUI	100
O COMANDO "SIT	101
O COMANDO "SIT"	101
O CÃO ADULTO - QUAIS SÃO AS CARACTERÍSTICAS ESPECIAIS DESTA RAÇA?	**102**
NUTRIÇÃO, SAÚDE E CUIDADOS	**103**
NUTRIÇÃO DO CÃO DE MONTANHA ENTLEBUCH	104
DOENÇAS TÍPICAS	**106**
ONDE SE PODE USAR O ENTLEBUCH MOUNTAIN DOG?	**109**
ONDE SÃO UTILIZADOS CÃES DE RESGATE.	110
MANTRAILING PARA O ENTLEBUCHER	110
AGILIDADE	111
FACTOS INTERESSANTES SOBRE O CÃO DE MONTANHA ENTLEBUCH	**112**
O ENTLEBUCHER NÃO É UM CÃO PARA "CHEFES DE CASA".	112
<u>TUDO O QUE PRECISA DE SABER SOBRE A CRIAÇÃO DE CÃES DE MONTANHA E CLUBES DE CRIAÇÃO</u>	**<u>114</u>**

CONHECER O CANIL PELA PRIMEIRA VEZ: É A ISTO QUE DEVE PRESTAR ATENÇÃO. 114

O PRIMEIRO OLHAR PARA DENTRO DA CAIXA DE CACHORROS 115

CRIAÇÃO ESPECIALIZADA COM EDUCAÇÃO AMOROSA 116

CONFORMIDADE COM A NORMA DA RAÇA 117

CACHORROS SAUDÁVEIS ATRAVÉS DE PAIS SAUDÁVEIS 117

QUANDO É QUE SE PODE IR BUSCAR UM CACHORRINHO DE CÃO DE MONTANHA AO CRIADOR? 118

NÃO SE ESQUEÇA DE FAZER ALGUMAS PERGUNTAS AO CRIADOR. 119

EXISTE UM CONTRATO DE VENDA QUANDO SE COMPRA UM CÃO? 119

O QUE DEVE TER EM ATENÇÃO NOS PRIMEIROS DIAS QUANDO O CÃO DA MONTANHA SE MUDA PARA CÁ? 120

CONCLUSÃO 122

SOBRE ESTA SÉRIE: O MEU CÃO PARA A VIDA 124

Lista de números

Ilustração 1Cães de montanha eram animais de trabalho úteis	12
Ilustração 2Appenzeller Mountain Dog	18
Fotografia 3: habituar-se lentamente a que os cães da montanha fiquem com trela.	25
Ilustração 4Cão da montanha Appenzeller a brincar com o cão Labrador ao ar livre	27
Figura 5: Sinal visual "Sit	30
Figura 6: Sinal visual "Lugar	31
Figura 7: Sinal visual "Desligado	33
Fotografia 8Conjunto de preparação para cães	39
Fotografia 9Cão de montanha durante o treino de agility	44
Ilustração 10Bernese Mountain Dog	47
Ilustração 11Entlebuch Mountain Dog	86

A História dos Cães de Montanha

Os antepassados do Sennenhunde

Até agora, apenas se podiam fazer especulações sobre a origem da raça. Existem diferentes teorias sobre a origem real dos cães de montanha e de gado, mas nenhuma teoria foi alguma vez provada sem margem para dúvidas. Assim, continua a ser um mistério que ainda tem de ser resolvido.

Uma especulação muito popular, por exemplo, diz que já no século I a.C. chegaram cães bastante grandes com os romanos na zona circundante da Suíça de hoje. Os cães, que se assemelham ao tipo actual Mastiff e Molosser, foram acasalados com os cães nativos. Estes grandes cães dos Romanos tinham a tarefa de guardar e defender os campos. Eram também utilizadas para guardar torres de vigia. Ainda hoje, os cães de montanha têm nos seus genes a guarda, o pastoreio e a denúncia de estranhos, embora sejam geralmente amigáveis para com estranhos ou visitantes e não actuem como guardas ferozes.

No entanto, a teoria é contrariada pelo facto de tais áreas remotas e muito rurais não estarem sob o poder das legiões romanas e de os cães já estarem supostamente presentes nessas áreas muito antes da chegada dos romanos. Curiosamente, porém, os arqueólogos encontraram ossos que datam da Idade do Bronze e do Ferro que poderiam de facto apoiar a teoria molossiana e mastiça. As escavações desenterraram os esqueletos de grandes cães que poderiam presumivelmente ser considerados os antepassados dos Cães da Montanha. Uma especulação completamente diferente diz que o Maçarico Tibetano é considerado o antepassado dos Cães da Montanha. Mas isto também nunca pôde ser claramente provado.

O cão da montanha Bernês era amado por agricultores e pastores.

Já com os Celtas, que nessa altura viviam nos Alpes, os cães de montanha Berneses faziam parte dela e provaram ser animais de trabalho extremamente significativos. Protegiam o seu povo e os lugares movimentados e guardavam o gado dos agricultores. Uma das suas principais tarefas era a de guardar o gado e assegurar que permanecessem juntos no rebanho. Este continuou a ser o caso durante muito tempo. É claro que os cães de montanha também deviam ser amigáveis e de mente aberta para com as pessoas, mas na criação, a atenção foi dada principalmente às qualidades de utilização, o que significava que apenas os cães que também estavam à altura das tarefas podiam ficar.

Os cães que não o podiam fazer eram apenas supérfluos aos olhos dos agricultores e tinham de ser alimentados através deles. Infelizmente, a consequência foi que tais animais foram mortos e que mesmo no século passado!

O Cão da Montanha Bernês tinha de ser leal e obediente ao seu humano. No passado, estas eram características muito importantes que lhe eram exigidas. No final, os cães foram firmemente integrados na vida completamente dura das regiões alpinas. Eram o companheiro constante do seu ser humano, quer fosse para os campos, para os pastos íngremes ou para a quinta. Mas ao contrário de alguns outros cães de trabalho, os Sennenhunde eram frequentemente autorizados a entrar nos alojamentos (especialmente nos Invernos rigorosos). Normalmente, nessa altura, era comum os cães estarem ao ar livre a qualquer hora do dia e da noite, guardando a quinta.

O Cão da Montanha Bernês pertence às raças que formam uma ligação muito íntima com os seus humanos e querem tê-los sempre com eles. Os animais conseguem distinguir muito bem quem é amigo ou inimigo.

Um exemplo disso mesmo: Um cão da montanha Bernês que sabe que a comunidade da aldeia não atacará. No caso de pessoas ou intrusos que não conheça, irá comunicá-los imediatamente. Naqueles dias, os cães da montanha tinham de "pensar" juntamente com o trabalho árduo. É por isso que ainda hoje se pode encontrar uma "acção" prudente nos animais - uma característica especial destes cães.

O cão de montanha Bernês deve a sua excelente reputação ao carrinho de cão e ao queijo. Os carrinhos de cães faziam parte da vida quotidiana no século XIX. Os cães não eram tão caros de manter como os cavalos e podiam facilmente puxar pequenas cargas. Isto incluía as batedeiras de leite, que os agricultores levavam para as queijarias próximas todos os dias. Mas não só os agricultores, mas também os comerciantes e açougueiros apreciaram os cães fortes e poderosos que assumiram este trabalho.

Ilustração 1Cães de montanha eram animais de trabalho úteis

Os cães do "Weiler Dürrbach" (Cantão de Berna) tinham uma reputação requintada, o que tornou os "cães Dürrbächler" (nome antigo para os Berneses) cada vez mais famosos e eram cada vez mais apreciados. O pequeno povoado residencial (aldeia) consistia basicamente de apenas uma quinta e uma pousada. No entanto, uma vez que muitos viajantes do comércio passaram por Dürrbach na rota para Berna, um ponto de encontro popular foi a estalagem e assim começou também o comércio dos coloridos cães de montanha de três cores de Berna.

Naquele tempo, porém, a raça não tinha um nome uniforme. Em vez disso, foram chamados "Bäri", "Vieraugli" ou "Ringli" pelos agricultores. Com o tempo, contudo, o nome "Dürrbächler" ou "Dürrbachhund" tornou-se estabelecido.

O São Bernardo é um forte concorrente dos cães Dürrbach.

Para além do Dürrbächler, o forte e grande São Bernardo, com as suas marcações uniformes, ganhou cada vez mais a dianteira. Ele fez bater mais depressa os corações dos fãs de cães. Ainda hoje, é considerado generoso e amigável, que gosta de trabalhar e tem um forte instinto protector. A aparência impressionante tornou o cão atraente e atraiu muita atenção. Agricultores e comerciantes tinham pouco interesse no cão de caça Dürrbach, por isso este desvaneceu-se para o fundo. Apenas nas longínquas regiões montanhosas, onde os agricultores viviam há muito tempo com o seu obediente e leal Sennenhund, ele ainda era popular. É também graças a estas pessoas que o Cão de Montanha Bernês não caiu completamente no esquecimento ou, pior ainda, não se extinguiu.

O nascimento da criação do Cão de Montanha Bernês

A "Sociedade Cinológica Suíça" foi fundada em 1883 por apaixonados por cães. Cinológico" significa o estudo de raças, criação, cuidados, comportamento, treino e doenças dos cães domésticos. Nos primeiros anos, os registos de várias raças de cães foram inscritos no Stud Book suíço. Cerca de dez anos após o ano de fundação, o senhorio Franz Schertenleib e Fritz Probst conseguiram reacender a atenção e o interesse pelo cão Dürrbach e os Dürrbächler foram criados de forma selectiva. Com o início do século XX, surgiram outros ramos da Sociedade Cinológica Suíça e realizaram-se as primeiras exposições caninas. Pela primeira vez em 1902, os Dürrbächler e outras raças de cães de pastoreio também participaram nestes eventos. A descoberta dos cães da montanha foi na Exposição Canina Internacional em 1904 em Berna. Quatro cães foram aí premiados, que foram depois inscritos no Stud Book suíço como "Dürrbacher Sennenhunde". Entre outros, a cadela "Belline" é considerada o antepassado dos cães da montanha Bernesa e dos cães de fila de gado.

Este foi o sinal de partida para a crescente popularidade do Dürrbächler e começou a reprodução pura. Com a entrada no Stud Book suíço, foi atribuído ao Dürrbächler o estatuto de cão com pedigree.

A primeira associação de criadores e a sua fundação

Além do veterinário Dr. Scheidegger e do criador Gottfried Mumenthaler, Franz Schertenleib estava novamente presente quando o "Swiss Dürrbach Club" foi fundado em Burgdorf, em 1907. O Professor Dr. Albert Heim, cinólogo e geólogo, foi um dos membros fundadores e foi também juiz nas exposições caninas, onde conheceu pela primeira vez o belo Bernese Mountain Dog em Lucerna. Após ter recebido informação detalhada sobre esta raça, publicou um artigo na Sociedade Cinológica Suíça. Desde então era um grande fã da raça e os cães Dürrbach capturaram o seu coração. Em exposições caninas, ele agora olhava para o Dürrbächler de que se tinha tornado muito afeiçoado com um olhar cauteloso, e exortava os criadores a prestarem particular atenção a um bom temperamento e a um aspecto uniforme nos cães. O pêlo do Dürrbächler ainda apresentava diferenças, mas com o tempo um tipo de cão de pêlo comprido cristalizado. No entanto, o nariz rachado continuava a ser criticado.

Em relação às outras raças de cães de montanha - em cuja categorização e diferenciação o Prof. Dr. Heim também esteve envolvido - os investigadores caninos (cynologistas) fizeram a proposta de renomear o Dürrbächler o Cão de Montanha Bernês. A princípio, porém, isto não obteve aprovação. Só em 1913 é que a proposta foi aceite e o Dürrbächler tornou-se o Cão de Montanha Bernês. Com isto, o nome original do clube "Schweizerische Dürrbach Klub" foi alterado para "Klub für Berner Sennenhunde". Através da criação pura, o Cão de Montanha Bernês agora também se distingue cada vez mais das outras raças de cães de montanha. A sua aparência típica, bem como algumas outras características, foram agora tornadas obrigatórias como características da raça.

Popular para além da fronteira suíça.

No final da Primeira Guerra Mundial, o número de membros do clube tinha diminuído enormemente e os Bernese Mountain Dogs tinham também diminuído consideravelmente em número. Mas a criação geral da raça foi retomada e em 1919 os Bernese Mountain Dogs foram criados pela primeira vez na Alemanha (Schweißheim perto de Munique). Desde que a fundação de clubes e associações foi extremamente popular, a associação "Schweizer Sennenhund-Verein für Deutschland" (Associação Suíça de Cães de Montanha para a Alemanha) foi fundada em 1923.

Na década de 1930, cada vez mais criadores participaram em exposições internacionais e apresentaram orgulhosamente os seus Cães de Montanha Berneses, o que agradou a uma vasta audiência. O sucesso foi tão grande que em 1937 os primeiros Bernese Mountain Dogs encontraram um novo lar em Inglaterra e na América.

No entanto, dez anos mais tarde, uma Terra Nova foi cruzada com um cão de montanha Bernês e os descendentes tiveram uma influência considerável sobre a raça.

Infelizmente, a criação de Cães de Montanha Berneses também diminuiu durante a Segunda Guerra Mundial. Mas na década de 1960, a procura dos Berneses voltou a aumentar extremamente. O antigo Dürrbächler tinha seguidores de todo o mundo, mas predominantemente na Alemanha, Holanda, França, Suécia, Espanha e da América. Embora a sua fama exponencial já não pudesse ser detida, o seu padrão de raça era cada vez mais refinado. A isto se juntaram requisitos de saúde que continuariam a melhorar a raça.

O cão da montanha Appenzeller

Origem, físico e aparência

Basta olhar para o Cão de Montanha Appenzeller para reconhecer imediatamente a sua auto-confiança e temperamento. Os seus movimentos rápidos e expressões faciais inteligentes mostram rapidamente como ele reage ao seu homólogo. O seu ladrar brilhante, mas poderoso, conquista-lhe respeito.

O Appenzeller Sennenhund foi inicialmente criado pela sua capacidade de serviço e menos pela sua aparência. Mas entretanto, a beleza também aumentou e ele pode ser visto em todo o lado. A sua estatura é média e a sua construção é quase quadrada, embora seja bem proporcionada. Os machos, com os seus corpos musculados mas ágeis, atingem uma altura ao garrote de aproximadamente 52 cm a 58 cm. As cadelas atingem uma altura ao garrote de aproximadamente 50 cm a 54 cm. O peso não é definido na norma, mas situa-se geralmente entre 25 kg e 32 kg. A cabeça tem uma ligeira forma de cunha, mas em perfeita proporção com todo o corpo. A testa é plana e a paragem (transição da raiz do nariz para o skullcap/skullcap) dificilmente é pronunciada. As orelhas têm uma forma triangular. São colocadas no alto e ficam planas quando o animal está em repouso. Quando o cão está alerta, as orelhas são colocadas na base e, juntamente com a cabeça, formam um triângulo. O Cão da Montanha Appenzeller tem pequenos olhos em forma de amêndoa que são minimamente inclinados e na maioria dos casos são de cor castanho claro a castanho escuro.

O pescoço é curto mas forte e o peito profundo e largo está preso. Uma característica típica do Cão de Montanha Appenzeller é a sua chamada "cauda pós-chifre", que tem pêlo denso e que transporta nas costas.

Tal como a construção é a coloração do casaco, que tem uma cor de base preta e está marcada com marcas castanhas e brancas enferrujadas.

Muito bonito de se ver é o brilho branco que vai desde o topo da cabeça/cabeça anterior sobre o focinho até ao queixo e peito. As patas e a ponta da cauda são também brancas. De acordo com a norma, para além da cor preta característica do solo, também é permitido o castanho havana. O casaco tem um comprimento de três a quatro centímetros e é lustroso. O sub-pêlo é denso e abundante, oferecendo assim ao cão uma protecção perfeita contra o frio, a chuva e o vento. O Appenzeller Mountain Dog tem uma esperança de vida de cerca de 12 a 14 anos.

Norma FCI: N.º 46 - Appenzeller Mountain Dog
Grupo 2 Pinscher e Schnauzer - Molossoid - Cães de Montanha e Gado suíços
Secção 3 Swiss Mountain Dogs

Ilustração 2 Appenzeller Mountain Dog

Traço de carácter do cão da montanha Appenzeller

O Cão de Montanha Appenzeller é um companheiro ágil e animado que precisa de muito exercício. Consequentemente, a raça não é adequada para pessoas que passam a maior parte do seu tempo em casa. O Sennenhund dos Alpes Appenzell foi criado como um cão de pastoreio e ainda hoje é um verdadeiro pacote de energia. Se os seus donos são também muito desportivos e fazem muito com ele, ele também se sente muito confortável como cão de família. Não é problema para o Appenzeller Sennenhund manter uma manada de 150 animais juntos numa vasta área. Ele é ágil, tem muita resistência e adora estar em movimento. Um proprietário nunca irá experimentar o seu Appenzeller deitado preguiçosamente no canto. Como mencionado anteriormente, ele foi criado como um cão de trabalho e, por natureza, tem uma enorme ânsia de trabalhar. Devido ao seu desejo persistente de estar constantemente ocupado, à sua vontade de aprender e à sua alta resistência, ele não é apenas um cão de pastoreio perfeito, mas também pode ser utilizado noutras áreas. É concebível, por exemplo, que ele possa ser treinado como cão de ambulância, cão avalanche ou cão-guia.

O seu incansável instinto de guarda, a sua ousadia e a sua lealdade contribuem para o facto de ser altamente considerado como um cão de guarda e de guarda. O Appenzeller é um cão que observa de perto e anuncia um estranho ou intruso com um ladrar alto. Ele é um cão de guarda absolutamente fiável. A voz brilhante é típica desta raça, independentemente de latir enquanto joga ou guarda. A desvantagem é que esta raça adora ladrar. Mas com a formação correcta e persistente, o latido pode ser levado a um nível razoável. Afinal, ele é muito dócil e obediente. Ele é muito leal à sua família ou ao seu ser humano e domina as tarefas que lhe são atribuídas sem esforço. Esta raça é muito inteligente e tem excelentes poderes de observação. O cão sensível reage imediatamente a cada expressão facial e gesto do seu humano e é capaz de julgar bem o que a sua pessoa de referência quer dele. Se o Appenzeller vive numa família, mantém uma relação íntima com todos os membros e é sempre sociável. Especialmente com cães jovens e animados pode acontecer que esqueçam os seus "bons modos" devido à sua exuberância e alegria de brincar e por vezes beliscar a perna do seu companheiro de brincadeira. Isto não é mal intencionado, porque adoram brincar com crianças. No entanto, isto tem de ser impedido. Se o dono do cão aplicou a "mistura" certa de consistência e amor na criação, a convivência com o cão de montanha Appenzeller é normalmente caracterizada pela harmonia e raramente problemática. Ele é também muito compatível com outros cães que vivem no mesmo agregado familiar. No entanto, inicialmente desconfia de estranhos sem ser agressivo ou mordedor. Mas como proprietário deve ter sempre em mente que em situações ameaçadoras ele morderia sem hesitar.

Quem é adequado como titular?

A melhor coisa para o Cão de Montanha Appenzeller é ser permitido viver no campo. Aí ele pode desabafar e movimentar-se. Ele não é uma daquelas raças de cães que gostam de se refestelar no sofá. O Appenzeller é um grande cão de companhia para famílias activas. No entanto, não é necessariamente recomendado para principiantes. Ele também não é necessariamente adequado para pessoas que gostam dele acolhedor ou que vivem num apartamento no meio da cidade. Ele adora desafios no trabalho e nos desportos caninos. Em princípio, esta raça não é particularmente exigente quando se trata de manter. Mas é importante para o animal que ele seja mantido ocupado e que tenha uma tarefa diária. É também crucial que ele tenha uma relação próxima com a sua família e que esteja bem integrado neles.

Como a raça está muito ansiosa por aprender e entusiasmada, o Appenzeller pode ser bem treinado. Devido ao forte enfoque na sua pessoa de referência, isto pode ser bem utilizado na educação e formação. O Appenzeller tem um dom especial: ele é capaz - através de uma boa observação - de reconhecer o humor do seu humano no seu rosto. Este é também um potencial que deve ser bem utilizado na formação - mas com muito sentimento. Os cães de montanha Appenzeller têm um considerável sentido de justiça e exigem-no sob a forma de um tratamento justo.

As pessoas que querem ter um cão pela primeira vez devem pensar cuidadosamente sobre se querem começar com um Appenzeller. Pode ser um verdadeiro desafio para eles quando se trata de manter o cão. Contudo, devido à sua elevada capacidade de trabalho, é bem adequado como cão de protecção e de guarda, bem como cão de ambulância e de avalanche. Isto também significa que os seus donos ou trabalham numa profissão em que tais cães são procurados ou são activos no seu tempo livre como paramédicos ou, por exemplo, no resgate de montanha. Quando uma família decide adquirir um Appenzeller, deve estar consciente de que o cão precisa de ser desafiado mental e fisicamente no dia-a-dia, através de treino cerebral e jogos de cães. Isto é importante para o seu bem-estar e, afinal de contas, você quer um cão feliz e equilibrado.

Há desportos caninos que são particularmente adequados para o Appenzeller Mountain Dog:
- Dogtrekking
- Ciclismo
- Agilidade

O cachorrinho - O que ter em atenção.

O ágil, auto-confiante e animado cão de montanha Appenzeller é, por natureza, um bom guardião e guardião. O treino de cães começa com uma idade de oito a dez semanas, mas deve ser feito com muito cuidado. Se quiser treinar um Appenzeller, precisa de muita paciência e tempo. Nada pode ser feito rapidamente. Muitas pessoas pensam que a formação tem sobretudo a ver com obediência e submissão. Mas no início não é este o caso. Em primeiro lugar, a formação consiste em construir uma base saudável de confiança entre o jovem cachorro e o dono do cão.

As primeiras medidas de criação de confiança são tomadas, por exemplo, quando o cachorro é recolhido pelo seu cuidador. Se estiver deitado no braço e o seu corpo humano o afaga, o cachorrinho fica mais calmo e calmo com o tempo. Ao falar com o cachorro com calma e em silêncio, pode habituar-se à voz e ao cheiro do humano. O jovem cão jovem habituar-se-á cada vez mais ao som da voz e armazená-la-á no cérebro. Uma vez feitas as primeiras ligações, o cachorro regista que nada de mal lhe acontecerá quando for apanhado e relaxará mais rapidamente.

Escolher o nome certo.

O nome de um cão deve ser curto e conciso. É importante que o dono de um cão aproveite todas as oportunidades para se dirigir ao seu cão pelo nome ou chamá-lo pelo nome. O cachorro aprende o seu nome quando o pode relacionar com as suas acções. Este é especialmente o caso quando o cão é chamado ou quando são dadas ordens. O nome pode ser pronunciado igualmente bem quando se acaricia. Isto é especialmente verdade quando o cachorro fez algo certo. A associação positiva de uma acção e do nome torna o treino mais fácil e também reforça a relação cão-homem.

Ensinar o treino de habitação.

Especialmente nos primeiros tempos, não é raro que o pequeno Appenzeller deixe algo debaixo dele. Os cachorros têm uma coisa em comum: antes de "se sentarem", mostram um comportamento típico. Ou giram em círculo num ponto ou começam a farejar extensivamente o chão. Se o dono do cão notar isto, deve reagir imediatamente e levar o cachorro para fora. Depois do cachorro ter sido solto, é importante elogiá-lo extensivamente. Esta é uma experiência positiva para o cachorro. Quanto mais este comportamento for praticado, mais depressa o pequeno Appenzeller se apresentará e indicará que "precisa urgentemente de ir para o jardim". Uma vez que cada cão/cachorro é diferente, são também desenvolvidas estratégias diferentes: um cachorro irá directamente para a porta da frente, outro irá começar a ladrar e outro ainda irá empurrar o seu cuidador.

Se houver um contratempo no apartamento, pode limpá-lo sem o repreender, jurar-lhe ou mesmo puni-lo com violência. Se o apanharem em flagrante, podem apanhá-lo com as palavras "Não/Fie" e levá-lo para fora.

Uma falsa ligação criada por explosões negativas do humano pode muito bem levar a um comportamento incorrecto, que seria, por exemplo, o cachorro não se apresentar de todo para se desengatar e, em vez disso, escolher um canto no apartamento ou na casa. É melhor dar a si próprio uma boa duas semanas quando o cachorro chegar. Em geral, o treino de um cão de montanha Appenzeller - de facto de qualquer cão - deve ser adequado à idade e não exagerado.

Uma educação realmente boa do auto-confiante Appenzeller requer muita sensibilidade. O treino gentil e amoroso mas persistente dos cachorros é especialmente importante. Não é absolutamente aconselhável tornar-se agressivo para com o cãozinho ou mesmo gritar com ele.

Como cachorrinho, ele ainda está nervoso e, se sente violência, não a perdoa tão rapidamente. No entanto, é preciso ter auto-confiança para com ele e dar-lhe ajuda, sendo um líder forte. Não esquecer é uma boa socialização numa idade precoce, uma vez que isto terá mais tarde um efeito no seu temperamento. O comportamento social pode ser bem praticado em escolas de cães, uma vez que o cachorrinho tem contacto com outros cachorros e é confrontado com diferentes situações. O comportamento social é fortemente influenciado por isto. Isto também lhe dá a oportunidade de se tornar um cão de família amoroso e amigável.

O Appenzeller Mountain Dog precisa de uma educação consistente e muito clara, mas que se caracterize pela paciência. O cachorro ou cachorro jovem gosta de testar os seus limites uma e outra vez. Aprender a compreender o cachorro. Este é certamente um dos pontos mais importantes na preparação para o novo membro da família. Porque compreender o animal e o animal (e vice-versa) torna a convivência muito mais fácil.

Ter uma compreensão básica da psicologia canina irá ajudá-lo a viver em harmonia e felicidade com o seu cachorro - e mais tarde cão adulto. Não tem de ser um perito neste campo, mas apenas lendo livros sobre treino de cachorros e posse de cães poderá alargar os seus conhecimentos. No entanto, se chegar a um ponto em que os seus conhecimentos já não sejam suficientes, pode procurar a ajuda de um treinador de cães.

Habituar o cão da montanha Appenzeller à coleira, ao arnês de peito e à trela.

Se quiser familiarizar o cachorro jovem com a coleira e/ou o arnês de peito, deve começar o mais cedo possível. Pode começar por lhe mostrar o colarinho e colocá-lo o mais facilmente possível. As reacções a isto variam: alguns cachorros começam a gritar "assassinato de cachorro", outros mal se apercebem, e ainda outros entram numa espécie de "paralisia de choque" e não se atrevem a mover-se.

Não importa como o jovem cachorro reage, o principal é que ele mantém a coleira ligada durante muito pouco tempo. Dependendo da reacção, pode voltar a colocar o colarinho no mesmo dia - ou no dia seguinte, em caso de reacção de choque - e elogiá-lo fortemente com uma voz amigável. Desta forma associa o colarinho a uma experiência alegre. O segundo passo é a trela. Também aqui é melhor mostrar a trela ao cão e só a prender à coleira por um breve momento. Uma vez aceite isto, pode começar a praticar andar de trela com ele dentro de casa.

Fotografia 3: habituar-se lentamente a que os cães da montanha fiquem com trela.

Se a primeira caminhada real ao ar livre estiver programada após a seca, pelo menos os comandos básicos, tais como sentar, sentar, ficar, aqui e calcanhar, devem funcionar pelo menos a meio caminho: Sentar, Sentar, Ficar, Aqui e Calcanhar, deve funcionar pelo menos a meio caminho. O cachorro deve saber aproximadamente o que significa. Mas mesmo com as ordens, é necessária muita paciência por parte do dono, porque o cão não sabe imediatamente o que fazer e não se vai separar imediatamente. Especialmente quando o jovem cão está na floresta pela primeira vez, há muitas coisas novas a descobrir e ele colocará o seu nariz peludo em tudo.

Além disso, o pequeno Appenzeller não sabe de todo andar com trela e ainda tem de aprender. Mas os Appenzellers são muito espertos e ansiosos por aprender. Assim, ele compreenderá muito rapidamente o que deve ou não fazer. Se o jovem cão da montanha estiver numa viagem de descoberta e puxar demasiado a trela, pode parar e assim sinalizar-lhe que esta não é a forma correcta de se mover. Ele pode tentar mais duas ou três vezes, mas o mais tardar até lá terá compreendido que o que está a fazer não está bem. Com o tempo e a acumulação de caminhadas, ele aprenderá a comportar-se com a trela e também a habituar-se ao ritmo do seu dono. É sempre importante elogiá-lo suficientemente logo que tenha feito algo bem. Em geral, ao treinar cachorros, deve ter-se o cuidado de abordar o assunto com muita paciência e paciência. Deve sempre questionar-se o que se quer aprovar e o que não se aprova. Se, por exemplo, o cachorro Appenzeller não voltar imediatamente quando é chamado, deve ter paciência e esperar sem o repreender quando se atrasa. Isto pode ter o efeito oposto sobre ele ou sobre todos os cachorros, nomeadamente que têm medo de vir até si.

Se ele for repreendido, isso significa que será repreendido por voltar. Mas é exactamente isso que ele deve fazer: voltar (apenas à primeira chamada). Em alguns casos teimosos, o conhecido truque que também é usado com crianças pequenas pode ajudar: Dê a volta e finja ir para casa ou noutra direcção sem o animal. O efeito tornar-se-á muitas vezes rapidamente visível. Se não for este o caso, a única opção é esperar até que o cão se sinta confortável para voltar por si mesmo. Mas depois deve ser elogiado, mesmo que queira explodir por dentro. Desta forma, o Appenzeller associa a sua volta com um gesto afectuoso e certamente voltará mais rapidamente no futuro quando for chamado.
Mas se o cachorro começa a fazer disparates, o seu dono tem de pôr imediatamente fim a isso. Isto pode ser em situações em que começa a mordiscar cortinas ou almofadas ou a transportar sapatos por aí. Aqui, um anúncio muito claro como "Desligar", "Fie" ou "Não" deve ser feito a fim de lhe expulsar esta malandragem. Com um gesto apropriado, por exemplo um dedo indicador levantado, a reprimenda pode ser intensificada.

A socialização do cão de montanha Appenzeller

O Appenzeller Mountain Dog é inicialmente céptico em relação aos estranhos. Por conseguinte, é importante habituá-lo a conhecer estranhos o mais cedo possível. Fazer caminhadas com outras pessoas o mais frequentemente possível. É ideal, claro, se eles também tiverem os seus cães com eles e o pequeno cão da montanha puder brincar com eles. Estes são processos muito importantes na socialização do Appenzeller. Durante o passeio, os donos de cães encontram-se sempre uns com os outros e cumprimentam-se de forma amigável. Os cães fazem o mesmo entre si. Farejam-se brevemente uns aos outros e depois continuam a caminhar com os seus humanos. Em alguns casos, eles simplesmente passam uns pelos outros sem que o cão pare, pelo que o cão também aprende que não tem de cumprimentar todos os outros cães. O jovem Appenzeller associa tais encontros com pessoas - com ou sem um cão - que está tudo bem e que não cai num "comportamento protector".

Ilustração 4Cão da montanha Appenzeller a brincar com o cão Labrador ao ar livre

Visitantes na casa

Quando os convidados vêm visitar, o cachorro Appenzeller deve aprender a aceitar as pessoas estranhas e a reagir a elas apenas um pouco ou não reagir de todo. As melhores condições para aprender isto são situações diárias, tais como quando o carteiro vem ou vizinhos que frequentemente fazem uma visita. Quando a campainha toca, o cachorrinho pode vir à porta, mas assim que notar que o pequeno Appenzeller se está a aproximar demasiado depressa da pessoa à porta, o comportamento deve ser corrigido. Um pequeno cheiro é bom. Um ladrar sustentado, porém, não é, e os cães da montanha gostam muito de ladrar. Durante o primeiro período deste treino, é uma boa ajuda e apoio para o dono se o cão pequeno for levado com uma trela assim que vai para a porta da frente. Esta é uma forma muito boa de corrigir comportamentos incorrectos.

Chame o cão da montanha Appenzeller para si.

É o comando mais importante de todos para todos os cães. O animal deve poder ser imediatamente recolhido de qualquer situação concebível. Especialmente em cachorros, é muito fácil praticar este comando, uma vez que o cachorro ainda está muito fixado no seu cuidador e irá rapidamente segui-lo. Como em qualquer exercício, o timing é importante. Por conseguinte, só deve chamar o jovem cão quando tiver a certeza de que ele virá até si e não estiver intensamente ocupado com algo. Quando chegar a altura certa, chame o nome do seu cão e incentive-o a vir ter consigo. Isto pode ser feito através de um som especial, batendo palmas, com um brinquedo ou virando-se e afastando-se. É preciso experimentar aquilo a que o cachorro reage melhor.

Assim que o cachorro "começa" e chega até si, usa o comando "Come" ou "Here". Uma vez que o cachorro tenha chegado, é elogiado exuberantemente e com uma voz amigável. No início, este comando deve estar ligado a uma experiência muito agradável, por exemplo, uma grande recompensa, um jogo curto ou um tratamento especial. Desta forma, consegue-se que o cachorro venha até si mesmo quando está de facto fixado noutra coisa.

E essa é também a razão pela qual nunca se deve repreendê-lo quando ele chega. Nem mesmo que não tenha escutado as primeiras vezes. Deve começar com este comando num ambiente em que não há muitos estímulos para o cachorro. Passado algum tempo, o nível e a distracção podem ser aumentados.

O que procurar na parentalidade.

Se o Appenzeller estiver física e mentalmente bem ocupado, é mais fácil para o proprietário treinar a raça, que por si só está muito ansioso por aprender. A boa empatia do Appenzeller Sennenhund, a sua rápida compreensão e vontade de aprender muito, conduzirá ao sucesso na formação muito rapidamente. O pré-requisito é que os métodos de formação sejam realizados de forma permanente e consistente. A fim de praticar certas regras de comportamento e de parar a tendência já inata de ladrar na sua infância, os comandos devem ser repetidos até que o Appenzeller os tenha internalizado.

O comando "Sit

Os cachorros jovens que ainda não tenham tido qualquer experiência com exercícios de aprendizagem são capazes de compreender o comando muito rapidamente. Para praticar este comando, ficar de pé ou agachar-se em frente do cachorro e segurar uma guloseima entre o polegar e o dedo médio. Agora levante o dedo indicador para ensinar ao cachorro o sinal de "sentar". A mão com a guloseima sobe agora pelo nariz do cão para que o cachorro seja forçado a pôr a cabeça para trás até se sentar no chão. Se notar que ele traz as nádegas para o chão, dá o comando

"Sentar". No momento exacto em que as nádegas tocam no chão, dá-se-lhe imediatamente o prazer e elogia-se muito.

Figura 5: Sinal visual "Sit"

O comando "Sit"

Com base no comando "Sit", pode praticar o comando "Sit" com o cachorro durante o treino. Para o fazer, o cachorro deve sentar-se à sua frente. Volte a dar um mimo, desta vez entre o seu indicador e o dedo médio, e traga o plano da sua mão para baixo à frente do nariz do cão. Se o pequeno corpo se mover para baixo, diz-se o comando "Sentar" e dá-se-lhe imediatamente a guloseima. Mais uma vez, o cachorro é recompensado profusamente.

Figura 6: Sinal visual "Lugar

O comando "Stay

Há sempre situações na vida quotidiana em que é necessário que o cachorro e mais tarde o cão adulto fiquem em casa sozinhos. Para esta formação, o cachorro deve sentar-se em frente do seu cuidador. Uma linguagem corporal clara é muitas vezes suficiente para demonstrar o significado do comando "Ficar".

Fica directamente em frente do seu cachorro e inclina-se ligeiramente para a frente. O plano da sua mão é estendido na sua direcção. Desta forma, mostra-se apenas pela postura que ele deve permanecer onde está. Agora dê um pequeno passo atrás, permaneça lá durante alguns segundos e depois avance novamente. O cachorro é imediatamente recompensado por ficar colocado. Se um passo atrás tiver funcionado bem, pode gradualmente escolher uma distância maior e assim aumentar o tempo que o cachorro permanece sentado. A certa altura chegará o momento em que poderá deixar o jovem cão em paz.

O comando "Off

Outro comando importante é "Desligar" e isto não se aplica apenas quando se joga. Não importa o que o cachorro carregue, ele deve devolvê-lo imediatamente ao comando. O mesmo se aplica ao dar ou largar alimentos que se encontram na natureza. Pode salvar a vida de um cão. Para aprender este comando, é melhor brincar com o cachorro e um brinquedo que ainda se pode segurar quando o cachorro está a segurá-lo na boca.

Depois, estende-se com uma mão sobre o focinho, o que o fará soltar o brinquedo. E como com os outros comandos, diga "Desligar" nesse momento. Mais uma vez, o cachorro é recompensado com uma guloseima. caça curta ou animal de estimação. É muito importante que o cachorro aprenda que receberá o seu brinquedo de volta assim que o soltar e não tiver desaparecido completamente. Após alguns exercícios, deixará de ser necessário alcançar o focinho do cachorro, porque o jovem cão jovem desistirá voluntariamente do objecto que tem na boca ao seu comando.

Especialmente nos primeiros dias, deve certificar-se de que o cachorro não é excessivamente desafiado fisicamente, a fim de evitar danos nos tendões e ossos na idade adulta. Quando a estação escura e húmida começa, é muito mais difícil exercitar suficientemente o cachorro. Depois pode muito bem jogar os "jogos de pensamento". São uma alternativa fantástica aos passeios a pé. Já publicámos um livro sobre este tema.

Figura 7: Sinal visual "Desligado"

"Não!" também significa "Não!" - A persistência é importante na formação de cachorros.

Mesmo os mais pequenos Appenzellers têm de internalizar as palavras "No - Off - Fie". Normalmente, estas palavras já são pronunciadas com uma voz profunda e ameaçadora. E para cachorros pequenos estas palavras pronunciadas parecem muitas vezes tão ameaçadoras que normalmente interrompem o seu comportamento. Se sublinhar as palavras com gestos apropriados, por exemplo, caminhando em direcção ao cachorro ou levantando o dedo indicador, está a sinalizar: o seu comportamento actual não é correcto!

Se o Appenzeller tiver então interrompido o comportamento indesejável, é crucial que se envolva com o jovem cão e o elogie - mesmo que seja apenas por uma pequena coisa. Isto deve deixar claro ao cachorro que as palavras "Não, Off, Fie" significam uma mudança de um comportamento indesejável para um comportamento desejável.

Seria mau, no entanto, se uma ameaça "fora" e a consequente interrupção da sua acção não fosse seguida de um pedido positivo. Porque então pode acontecer que o cachorro volte a cair no seu velho padrão de comportamento por frustração e insegurança, e não é isso que se quer. É claro que também deve ficar claro que o proprietário - uma vez pronunciado um "não" - se agarra a ele e não muda constantemente de ideias.

A trela invisível

A natureza organizou-o perfeitamente para que o cachorro permaneça muito próximo da mãe até cerca do quarto mês. Ele não se afastará muito dela. Mas agora assumiu o papel da "mãe animal" e esta trela imaginária permanece entre si e o cachorro. Assim, pode deixar o cachorro saltar em segurança (não numa estrada). Ele não fugirá de si, mas segui-lo-á para onde quer que vá. Sempre desde que ele ainda seja pequeno. Tire partido disto e chame-o frequentemente durante o passeio e elogie-o excessivamente quando ele chegar. Mas nunca o prendam imediatamente, mas deixem-no correr de novo, logo o chamem de novo e sempre com uma recompensa quando ele vier. Desta forma, a aproximação torna-se uma questão natural. Só precisa de ser praticado.

À medida que o cachorro cresce, ele tornar-se-á cada vez mais inquisitivo e independente e tentará cada vez mais explorar o seu ambiente. Nunca o deixe sair da vista, mas chame-o sempre. Seria suficiente formar uma trela invisível entre si e o cachorro, para que o cachorro se certifique sempre onde você está e não o contrário. Com cerca de cinco ou seis meses de idade, o Cão de Montanha Appenzeller pode apanhar diferentes cheiros e começar a correr. Deve ter aqui um cuidado especial: Se ele já estiver a correr, dificilmente poderá influenciar o jovem Appenzeller. No entanto, se notar a tempo que ele está prestes a começar, chame-o imediatamente muito a sério e elogie-o quando ele chegar. Mas se ele infelizmente já está de pé e fora, só se pode esperar no local onde ele fugiu. Para si isto significa: esperar, esperar e esperar de novo. Se o jovem Appenzeller finalmente voltar, por favor não cometa o erro de lhe bater ou repreendê-lo. Em vez disso, detenham-no sem dizer uma palavra, ignorem-no e sigam em frente.

Tenha sempre em mente: Um cão que se aproxima nunca deve ser castigado. Ele ficaria com as mãos brilhantes e a confiança perdida. Além disso, na formação de um cachorro Appenzeller é importante oferecer sempre ao animal algo a guardar. A protecção e a guarda pertencem aos instintos básicos dos cães de montanha e devem - tal como a grande vontade de se mover - ser incluídos no treino de cães.

Quais são as características especiais desta raça?

Sem dúvida, o Appenzeller Sennenhund é um puro cão desportivo. Ele não tem a sua boa reputação como um grande cão de pastoreio e de condução sem razão. Gosta principalmente de desportos competitivos e de agilidade. Mas ele também gosta de outros tipos de desportos que requerem a sua capacidade de pensar, por exemplo.

Apesar de parecer ter um casaco curto, o seu sub-pêlo é denso. Portanto, o Cão da Montanha Appenzeller não se importa de estar no exterior com tempo frio e ventoso ou com chuva.

A fim de alcançar um desenvolvimento duradouro e saudável, é bastante importante para o Appenzeller submeter-se a actividades físicas e mentais diárias. Através de estímulos lúdicos e encorajamento amoroso do cuidador, o Appenzeller Mountain Dog pode ser facilmente inspirado para o treino diário.

As capacidades do Cão de Montanha Appenzeller:
- Podem lembrar-se dos comandos após algumas repetições e executá-los de forma fiável.
- Internalizam rapidamente as proibições e mantêm-se fiéis a elas.

- Podem ser treinados muito bem como cães-guia ou cães de salvamento, também como ajudantes de pessoas com défices físicos.
- São utilizados como cães de guarda, especialmente tendo em vista o regresso dos lobos.
- São capazes de reunir o gado disperso de grandes manadas.
- São cães de guarda perfeitos.
- São muito empatizantes e mostram uma boa reacção às emoções humanas.

Nutrição, saúde e cuidados

A dieta de um cão de montanha Appenzeller

Os apenzellers são resilientes e não têm exigências tão elevadas quando se trata de alimentos. Em geral, esta raça adora comer e também não é particularmente exigente em relação à comida. Por conseguinte, aconselha-se cautela pois tendem a ter excesso de peso. Para os proprietários, isto significa alimentar com o tamanho certo da porção. Uma boa composição de alimentos e quantidade para um Appenzeller adulto parece algo parecido com isto:

- cerca de 300 gramas de carne
- cerca de 150 gramas de legumes cozinhados
- 150 gramas de arroz ou macarrão

Uma vez que hoje em dia os alimentos secos e húmidos são muito bem misturados com minerais e vitaminas, também é possível oferecer ao seu cão este alimento sem qualquer problema. As porções recomendadas estão indicadas nos rótulos e não devem ser excedidas, mesmo que o cão pareça tão grande! Se quiser dar ao seu cão um "lanche", os ossos de mascar feitos de pele de búfalo são muito adequados, pois também previnem o tártaro e o mau hálito e são apenas uma questão higiénica. Para manter o pêlo brilhante e a pele flexível, pode adicionar um pouco de óleo de girassol aos alimentos. É bastante suficiente que o Appenzeller receba uma refeição de manhã e à noite. Mas por favor, certifique-se de que o cão não brinca ou corre por aí depois de comer, a fim de evitar uma perigosa torção gástrica.

Aos cachorros da montanha será dada comida (pequenas porções) três vezes por dia durante algum tempo. Na maioria das vezes, o criador dar-lhe-á a comida que tem alimentado os cachorros até agora. Desta forma, o stress de se habituar a uma nova casa não é agravado por uma mudança de comida. Isto pode sempre ser feito numa data posterior, quando o pequeno Appenzeller estiver mais instalado.

A mudança de alimentos será bem sucedida se se acrescentar diariamente uma pequena quantidade de novos alimentos aos alimentos existentes. O estômago e o tracto intestinal do cão podem habituar-se melhor à nova comida e o pequeno patife é poupado ao vómito ou à diarreia. Mas também se aconselha cautela quando se trata de nutrição: A comida de alta energia não é boa para o Appenzeller e especialmente não para os cachorros. O problema é que o crescimento prossegue mais rapidamente e isto pode causar problemas articulares e musculares.

Embora o desenvolvimento sanitário dos cachorros ainda seja inicialmente da responsabilidade do criador, o mais tardar quando o jovem cachorro tem um novo dono, ele tem todo o cuidado do seu animal. Se os cachorros descendem de pais com bons genes, geralmente desenvolvem-se em cães robustos e só é necessário um check-up por ano no veterinário. Para além das vacinas iniciais, que são administradas na 8ª semana contra doenças como, por exemplo: Parvovirose, Hepatite, Distemper e Leptospirose e repetida na 12ª e 15ª semana. Além disso, os cachorros devem ser vacinados contra a raiva na 12ª semana. Se o Appenzeller permanece magro e activo no seu desenvolvimento, como os seus antepassados em tempos fizeram, é também em grande parte determinado pela dieta do cão. O Appenzeller necessita apenas de uma pequena ração alimentar em relação ao seu tamanho corporal.

Os primeiros sinais de que o animal tem excesso de peso são muitas vezes uma falta de vontade de se mover ou quando as costelas não podem ser sentidas ou quase não podem ser sentidas. Porções mais pequenas de alimentos de alta qualidade abrandam o processo de crescimento, o que por sua vez é positivo para os ossos, músculos e órgãos internos. É importante que os alimentos cubram as necessidades diárias de energia e que o cão obtenha os nutrientes, vitaminas e minerais necessários. Além disso, deve manter-se atento à ingestão de vitamina D3, bem como à ingestão de cálcio e fósforo. Se não tiver a certeza do quanto deve dar, não tenha medo de perguntar ao criador ou ao veterinário sobre o assunto. Aqui receberá dicas para uma alimentação adequada.

A fim de evitar excesso de peso no seu cão, é essencial exercício suficiente. Tendo em conta que os seus antepassados como cães de trabalho já tinham pastoreado enormes manadas em extensas áreas e que estes genes foram herdados, não é surpreendente que o Cão de Montanha Appenzeller precise de uma quantidade extrema de exercício e ocupação. Pelo seu temperamento enérgico e incansável, basicamente só um proprietário muito desportivo ou uma família activa é que entra em questão. Para lhe dar um substituto para o pastoreio, alguns desportos caninos são ideais. No entanto, é também um prazer para ele se puder correr na bicicleta ou se forem empreendidas longas caminhadas com ele.

Como é que o cão da montanha Appenzeller está devidamente tratado?

O cuidado do pêlo é muito importante - como é para todos os cães. Ajuda a prevenir a propagação de parasitas e doenças de pele. Os peritos aconselham a escovar o casaco do Appenzeller pelo menos uma vez por semana.

Durante a mudança do revestimento - na Primavera e no Outono - o subpêlo solto é removido por escovagem. Por vezes também acontece que os cães rolam na lama e isto já não pode ser escovado tão facilmente. Então só uma coisa ajuda: dar banho ao cão. Mas isto não deve acontecer com demasiada frequência. Pode comprar champô especial para cães em lojas especializadas, que não ataca tanto a camada protectora da pele.

Os olhos, ouvidos, patas e a região em redor do ânus também devem ser limpos de sujidade, aderências e secreções secas a intervalos regulares. No entanto, é suficiente limpar as áreas afectadas com um pano húmido. Existem aparelhos especiais de limpeza dos ouvidos que podem ser utilizados para os ouvidos. Se não tiver a certeza, deve deixar os cuidados da garra a um profissional, porque é demasiado fácil entrar na parte "viva" da garra ao cortar, e isto causa muita dor ao animal.

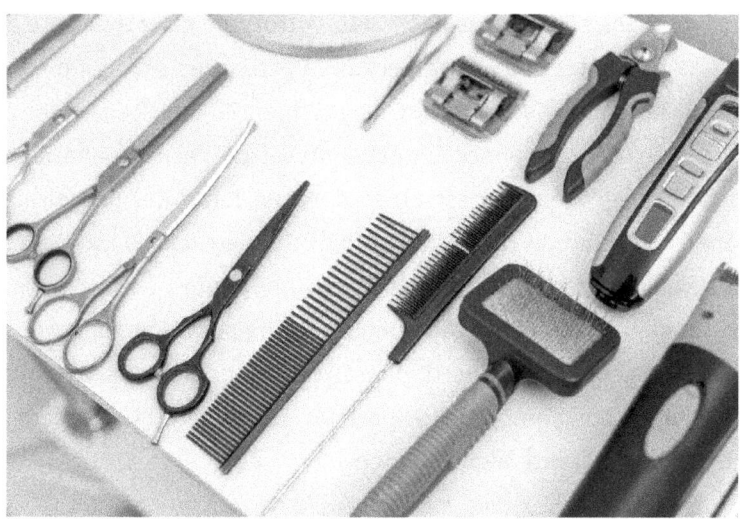

Fotografia 8Conjunto de preparação para cães

Alguns Appenzellers têm uma tendência para formar tártaro. Neste caso, o dono do cão tem a possibilidade de limpar os dentes com uma escova de dentes especialmente feita para cães ou com almofadas de dentes que já tenham pasta de dentes para cães. Em princípio, faz sentido acostumar os cachorros a cuidar de cães com todas as suas aparas e a praticá-lo com eles. Isto não só facilita o trabalho do proprietário, como também permite que o Appenzeller seja examinado de uma forma mais relaxada quando se visita o veterinário, por exemplo, durante um exame auditivo.

Se o Cão de Montanha Appenzeller provém de uma raça que se preocupa principalmente em que o temperamento dos cães seja bom, pode-se assumir uma esperança de vida de até 15 anos. No entanto, é aconselhável ter cuidado se os animais tiverem sido criados especialmente para atributos externos. Em certas circunstâncias, as cruzes consanguíneas são encontradas no pedigree apenas por causa de uma cor de pelagem mais bonita. A consanguinidade pode reduzir a esperança de vida dos animais em bons cinco anos.

Os verões cada vez mais quentes e as altas temperaturas são também uma grande tensão para os Appenzellers. Como é sabido, todos os cães só têm glândulas sudoríparas nas patas. A troca de calor acontece apenas através de ofegantes. Se as temperaturas exteriores são muito elevadas, ofegar quase já não é suficiente. O cão tem então de ir para a sombra ou para a casa fria. Especialmente nestes meses de Verão, o exercício deve ser muito reduzido e, se possível, só deve ter lugar nas primeiras horas da manhã ou ao fim da noite quando o ar tiver arrefecido um pouco.
Nunca deixar um cão no carro quando a temperatura é alta, mesmo que o humano ainda não o sinta tão quente. As temperaturas no carro sobem mais rapidamente do que as temperaturas exteriores! Se o cão estiver extremamente ofegante, ele irá ajudá-lo se estiver coberto com panos húmidos e frios durante algum tempo.

Doenças típicas

As seguintes doenças típicas de raça são encontradas em todos os cães de montanha:
- Costas curvas
- Cowhessianismo (mal posicionamento no físico)
- articulações macias
- patas vulneráveis
- Tendência para o **cancro da pele** e **alergias**
- Tendência para a **displasia da anca e das articulações**
- Os cães mais velhos têm **cataratas** com mais frequência

Appenzeller Mountain Dogs pode viver até 15 anos e, portanto, pertencer aos "tipos de vida longa". Mas infelizmente existem também predisposições genéticas nesta raça para contrair certas doenças. Os cães de montanha que vêm de uma criação responsável são geralmente cães saudáveis e relativamente insensíveis a doenças. É claro que podem ocorrer deformidades congénitas, tais como displasia da anca ou do cotovelo. As doenças oculares, como as cataratas, são também hereditárias. Os tumores de pele também ocorrem mais frequentemente com o aumento da idade. Os animais de reprodução de alto risco também podem ter doenças cardíacas e renais, malformações esqueléticas ou defeitos dentários.

Na reprodução, trabalha-se para afastar a predisposição para a formação de displasia da anca ou do cotovelo. No entanto, isto não é fácil. A displasia da anca (HD) é uma deformidade da articulação da anca causada geneticamente que leva ao desgaste prematuro e à dor na anca. Embora existam vários métodos de tratamento, no final continua a ser o caso de apenas serem administrados analgésicos para ajudar a aliviar a dor.

O Appenzeller Mountain Dog não está apenas predisposto para a HD, mas também para a displasia do cotovelo (ED). O curso da doença é semelhante ao do HD, mas os sintomas localizam-se no cotovelo. Outro problema é que os cães de montanha Appenzeller contraem cataratas em idade precoce. Normalmente, quase todos os cães contraem cataratas, mas apenas com o aumento da idade.

O insidioso é que não pode ser tratado com medicação ou cirurgia. Quanto mais avança, mais leva à cegueira dos olhos. Algumas clínicas veterinárias realizam operações em que uma lente artificial é implantada no cão. Isto dá aos cães uma melhor visão - especialmente a curta distância. Muitas vezes os Appenzells mais antigos têm tumores de pele. Por conseguinte, a saúde da pele é especialmente importante nesta raça à medida que envelhecem. São absolutamente necessárias visitas regulares ao veterinário para que a pele seja examinada. Nem todos os tipos de tumor de pele são malignos, mas mesmo os tumores benignos, dependendo do seu tamanho, podem ser um incómodo e devem ser removidos cirurgicamente.

Onde se pode usar o Appenzeller Mountain Dog?

Cães de serviço em geral

Os cães de montanha Appenzeller são frequentemente utilizados para resgate de esqui, como cães de terapia e de guia ou como cães de guarda. Se pretende treinar o seu Appenzeller como cão-guia, é absolutamente necessário prepará-lo passo a passo durante a fase de impressão, ou seja, após a quarta semana de vida. Neste campo especial de trabalho, realizam-se testes de aptidão, que os candidatos a cães devem passar antes de serem realmente utilizados.

O Cão de Montanha Appenzeller como Cão Terapêutico

Um cão de terapia é um cão que é especificamente utilizado no tratamento assistido por animais. Exemplos disto são: Fisioterapia, educação correctiva, psicoterapia, fonoaudiologia ou terapia ocupacional. Não é o mesmo que o cão de assistência que vive como um companheiro constante do seu ser humano que tem limitações físicas, mentais ou mesmo psicológicas. O cão de assistência é especialmente treinado para este fim. O cão de terapia também não deve ser confundido com um cão de visita.

Um cão visitante é geralmente levado por profissionais treinados ou voluntários a pessoas que necessitam de cuidados ou em hospícios, por exemplo, para manter contacto social. O pessoal ou voluntários não trabalham a nível terapêutico, mas sim a nível social. Em princípio, qualquer cão - independentemente da raça ou tamanho - é adequado para trabalhar como cão de terapia. No entanto, são sobretudo as raças de cães populares como os Labradores, Golden Retrievers e também o Appenzeller Mountain Dog que são treinados como cães de terapia devido à sua natureza amigável e simpática e à sua grande vontade de comunicar.

Os cães terapêuticos têm um carácter muito forte, são saudáveis e têm experimentado uma socialização extensiva. Além disso, têm uma ligação estável com o seu manuseador / proprietário. Na prática, é feita uma distinção entre um "cão de terapia activa" e um "cão de terapia reactiva". A diferença essencial é que o cão de terapia activa traz as suas próprias "ideias" em jogo. Ele pede sempre para jogar e é, portanto, muito adequado para motivar o seu homólogo. O cão de terapia reactiva reage às ideias e jogos do paciente e reflecte as suas sensibilidades.

Dogtrekking

Durante vários séculos, o homem e o cão têm sido uma equipa bem coordenada quando vagueiam juntos pela natureza. O passeio de cães tem sido popular há várias décadas, especialmente na Áustria, Polónia, República Checa e Bélgica. Mas este desporto canino também está a ganhar cada vez mais seguidores na Alemanha. Em princípio, o dogtrekking é um "passeio canino", que é um desporto canino. Mas mesmo que não esteja tão ferozmente atrás dele, ainda assim pode vê-lo como uma actividade de lazer desportivo e desfrutá-lo. Em alguns países, realizam-se regularmente "corridas de trekking de cães". O objectivo destes eventos é cobrir um percurso pré-determinado de pelo menos 80 quilómetros em conjunto com o seu cão. Nesta rota, são criados os chamados "pontos de controlo", que o cão e o dono têm de alcançar. O que mais conta neste desporto canino é o convívio e as experiências partilhadas que são feitas durante o passeio. As regras e o equipamento permitido dependem do país e do evento. No entanto, muitos outros desportos, como o agility, são também adequados para o cão da montanha.

Fotografia 9Cão de montanha durante o treino de agility

Factos interessantes sobre o cão de montanha Appenzeller

Uma elevada vontade de aprender e a sua constante suspeita de estranhos tornam a criação e treino do Cão de Montanha Appenzeller um desafio. Mas se abordar o assunto com amor e paciência, pode esperar um companheiro absolutamente leal e uma vida harmoniosa em conjunto. Para manter o Appenzeller fisicamente ocupado, pode jogar com ele os jogos de bola clássicos. A desvantagem disto é que, após um certo tempo, ele é pouco desafiado e o seu instinto de caça é reforçado pela constante "perseguição da bola". Melhor são os chamados "jogos da cabeça" onde ele recebe tarefas e tem de as resolver. Mas há também jogos de busca que o desafiam física e mentalmente.

Se o Appenzeller for utilizado como cão de trabalho, por exemplo como cão de resgate, deve usar equipamento especial. É importante que seja de boa qualidade e resistente, uma vez que também tem de se movimentar livremente durante o trabalho.

Embora o Cão de Montanha Appenzeller tenha um grande instinto protector, não é considerado como mordedor ou agressivo. O pré-requisito é que tenha desfrutado de uma educação amorosa e consistente. Ele é bastante adequado como cão de família. Infelizmente, esta raça de cão não é para pessoas que não passam pela vida de forma muito activa.

O cão da montanha Bernês

Origem, físico e aparência

O Bernese Mountain Dog tem uma estatura média a grande e é fortemente construído. Também tem as suas origens na Suíça, como o nome sugere. Embora não haja provas conclusivas, os molossianos e mastiffs são provavelmente os antepassados do Cão de Montanha Bernês. O seu casaco é de comprimento médio e o que o torna especial é a sua natureza amigável e doce. É por isso que também é chamado "Bärli" entre os verdadeiros fãs: Ele lembra-lhe um urso de peluche grande e fofinho que simplesmente não quer deixar sair dos seus braços.

Mas nos Berneses há um verdadeiro cão de trabalho que gosta muito de trabalhar. Em tempos anteriores, os agricultores suíços apreciaram isto a seu respeito. Além disso, ele irradia uma calma e compostura segura de si mesmo.

Externamente, o Cão de Montanha Bernês é belamente marcado pela natureza e tem um pêlo de cor atraente. O tricolor é característico, com predominância da cor preta. Cobre a cabeça, pescoço, alcatra e cauda. À semelhança do Appenzeller Sennenhund, o Bernês também tem uma chama branca que se estende uniformemente da testa sobre o focinho, do peito largo até às patas e até à ponta da cauda. As inserções de cor vermelha acastanhada na zona das bochechas (Gelbbäckler), as pernas e junto ao peito branco formam um contraste muito bonito, completando o tricolor. Característicos do Cão da Montanha Bernês são os grandes pontos vermelhos acastanhados acima dos olhos. Também lhes deve o seu apelido de "cão de quatro olhos".

Ilustração 10Bernese Mountain Dog

Ao contrário dos outros sub-cães de montanha e de gado, o Cão de Montanha Bernês é o único com pêlo comprido. A camada superior é normalmente lisa, macia e brilhante e pode ser apenas ligeiramente ondulada de acordo com o padrão. O seu sub-pêlo é muito denso e proporciona uma protecção fiável contra o frio, a chuva e a neve. Tal como os outros cães de montanha e de gado, não tolera bem o calor. Em altas temperaturas, os Berneses devem ser capazes de se retirar para a sombra. O trabalho físico deve naturalmente ser evitado e os passeios só devem ter lugar de manhã cedo ou à noite. Os Bernese Mountain Dogs crescem muito grandes. Os machos têm geralmente uma altura ao garrote de 64 cm a 70 cm e as cadelas de cerca de 58 cm a 66 cm. Criado como um cão de família, os Bernese infelizmente tendem a desenvolver um excesso de peso. Isto acontece frequentemente porque fazem muito pouco exercício e não são alimentados com uma dieta suficientemente equilibrada. Tal como no caso dos seres humanos, o excesso de peso também leva a problemas com as articulações. Inevitavelmente, outras doenças também se desenvolvem normalmente. Um macho Bernese Mountain Dog saudável e de peso normal pesa cerca de 55 kg, enquanto as cadelas pesam cerca de 45 kg.

No passado, os criadores certificavam-se de que os seus cães eram acima de tudo saudáveis e fortes e podiam assim atingir uma esperança de vida de até 13 anos. Hoje em dia, infelizmente, presta-se muito mais atenção ao aparecimento na reprodução, o que faz diminuir a esperança de vida dos Berneses. A esperança de vida actual é de apenas 7 a um máximo de 10 anos. As excepções confirmam a regra!

Norma FCI: No. 45 - Bernese Mountain Dog
Grupo 2 Pinscher e Schnauzer - Molossoid - Cães de Montanha e Gado suíços
Secção 3 Swiss Mountain Dogs

Traços de carácter do Cão de Montanha Bernês

Devido à sua natureza pacífica e amorosa, o Cão de Montanha Bernês tornou-se uma das raças mais procuradas. É leal ao seu povo toda a sua vida, adora acarinhar e é extremamente afectuoso. Devido ao seu elevado limiar de irritação, nada o pode facilmente perturbar e ele fica calmo quando confrontado com estímulos externos. Não encontrará comportamento agressivo nos Berneses. Embora o Cão da Montanha Bernês tenha um instinto inato de guarda e protecção, não há necessidade de temer ser atacado por um Bernês. A sua popularidade junto das famílias é, por conseguinte, elevada e também se dá esplendidamente com crianças pequenas, embora seja sempre necessário salientar: Até os cães mais queridos são apenas animais! Mas em regra, adora brincar com crianças e é muito cuidadoso ao lidar com elas.

O seu carácter sensível

Só de olhar para a cara de um cão de montanha Bernês faz o coração de um amante de cães bater mais depressa. O seu rosto doce e amigável faz parecer que está a sorrir para si em algumas situações. Os Cães da Montanha Berneses Felizes vivem melhor num ambiente familiar. Os cães da montanha Bernese não são simplesmente os mais atléticos dos animais, mas gostam de longas caminhadas com os seus humanos. Apenas grandes voltas de jogging e extensos passeios de bicicleta são melhor deixados para os outros.

Uma vez que o gentil Bernês é normalmente muito aberto a estranhos, não é particularmente adequado como cão de guarda. Os assaltantes teriam um tempo fácil, já que os receberia definitivamente com uma simpática cauda abanada. A situação é diferente com outros cães machos, que ele não tolera no seu território.

As características típicas do Cão de Montanha Bernês:
- pacífico
- afectuoso
- leal
- equilibrado
- bem-disposto
- vigilante e atento

Devido às tarefas exigentes que o Cão de Montanha Bernês teve de dominar em tempos muito anteriores, tornou-se uma criatura auto-confiante em paz consigo mesma. Os Bernese Mountain Dogs estão conscientes da sua força e capacidade e têm a sua própria vontade, que por vezes tentam afirmar quando vêem uma oportunidade para o fazer. Ele não é um daqueles cães que esperam que lhe sejam atribuídas novas tarefas. É muito mais importante para ele estar próximo da sua família e ter uma ligação profunda com eles. Toda a sua atenção lhes pertence e ele atura muito as crianças. Ele é a influência calmante na família. Se o Bernês for razoavelmente bem comportado, pode levá-lo para um passeio no campo sem trela. Mas ele deve saber quais são as regras. Na formação, precisa de instruções claras, mas com base num vínculo de confiança e amor. O Bernês está sempre ansioso por cumprir bem os seus deveres, mas não é de forma alguma um viciado no trabalho. Em vez disso, é o protector e guardião ideal, mas não ladra a toda a hora, como o Cão de Montanha Appenzeller. Ele também lida com desafios maiores, tais como o trabalho de salvamento ou de localização, sem quaisquer problemas e procede com cautela e com o seu próprio pensamento.

Quem é adequado como titular?

Apesar do seu tamanho e peso imponentes, o Cão de Montanha Bernês está definitivamente em bom estado e é ágil. Ele tem grandes características de carácter, é calmo mas tem uma mente própria, é afectuoso e amigável. O seu foco principal é a família e ele consegue sempre divertir as crianças. No entanto, não deve subestimá-lo em situações de emergência, porque ele defende a sua família até à morte. Contudo, devido à sua grande força e vontade, os principiantes de cães devem abster-se desta raça, pois poderiam rapidamente atingir os seus limites e perder o seu desejo de manter um cão.

A rapidez com que a popularidade deste cão aumentou pode ser atribuída à sua doce natureza e ao facto de ser um parceiro leal e encantador companheiro do seu ser humano. Devido ao seu tamanho, não é tão útil como os representantes mais pequenos de algumas raças. Para viagens de carro é, portanto, melhor transportá-lo numa caixa adequadamente grande. Em princípio, os Berneses podem ser levados para qualquer lugar. Os cães de montanha Bernese - como todos os cães de montanha - têm um forte sentido de justiça e esperam que os seus humanos os tratem em conformidade. A "teimosia" ocasional deve ser simplesmente aceite e apreciada. Os Berneses exigem um vínculo muito estreito entre o cão e o proprietário, caracterizado pelo respeito mútuo. O Bernese Mountain Dog não é feito para a vida na cidade e num apartamento. Ele sente-se mais em casa no campo e na natureza. No entanto, pessoas ou desportistas muito activos devem manter a sua distância desta raça, uma vez que os Berneses são um cão bastante lúdico. Mantê-los num canil, quer seja apenas para uma estadia temporária ou permanente, é completamente inapropriado.

O Bernese é frequentemente utilizado como cão de salvamento e rastreio. Os donos de cães que trabalham para o resgate na montanha ou a polícia, por exemplo, podem treinar bem os seus jovens Berneses.

O cachorrinho - O que ter em atenção.

Finalmente chegou o momento e o pequeno cachorrinho Bernese Mountain Dog regressa a casa. É claro, a alegria é enorme. Todos os cachorros são giros e tendem a deixá-los escapar com tudo. Mesmo que o cachorro desajeitado continue a ser tão giro, é preciso pôr-lhe um ponto final logo desde o início e não lhe é permitido fazer tudo o que quer fazer. As medidas educacionais começam, portanto, imediatamente. Isto significa que as regras, que foram obviamente pensadas e estabelecidas de antemão, são implementadas com uma certa consistência. Se deixar o seu cachorro escapar com um ou outro comportamento maroto, pode levar a um comportamento problemático mais tarde e será ainda mais difícil voltar a quebrar o hábito.

Um exemplo disso mesmo: Se o cachorrinho aborrece o seu oponente de vez em quando durante o jogo e morde com os seus dentes pequenos e afiados, algumas pessoas ainda acham isto engraçado e engraçado. Mas se não o habituarmos a este comportamento a tempo, ele pode muito bem morder cada vez com mais força à medida que envelhece. Portanto, é extremamente importante tirar partido da fase de cachorro, porque nesta fase formativa o pequeno Bernês aprende rápida e constantemente. Desta vez não voltará. Durante este tempo ele pode fazer muitas experiências positivas e internalizar regras.

As coisas mais importantes que o cachorrinho tem de aprender primeiro são ouvir o seu nome, ser treinado em casa e andar sobre uma pista.

Como é que o Cão da Montanha Bernês aprende o seu nome?

Quando o cão é chamado pelo seu nome, o dono do cão quer que ele chame a atenção. Isto pode acontecer quando outro comando é dado posteriormente. É muito significativo que o Cão de Montanha Bernês responda ao seu nome. Esta é a única forma de conseguir a total atenção do proprietário em qualquer situação. Especialmente quando o Bernês corre sem trela e há também a possibilidade de ter apanhado um cheiro.
No início, a formação deve ter lugar dentro de casa, onde há o menor número possível de distracções. Deve ter sempre um presente ou brinquedo pronto para a recompensa. Agora pode chamar o pequeno cachorrinho pelo nome com uma voz alegre. Um primeiro sucesso é quando o pequeno Bernês olha para si com interesse, então deve dar-lhe imediatamente uma recompensa sob a forma de um presente ou brinquedo. Ao mesmo tempo, não se deve esquecer de o elogiar verbalmente. Este exercício é feito ao longo do dia e os Berneses associarão rapidamente uma experiência positiva com o som do seu nome. Contudo, o exercício do nome só faz sentido se não houver mais nada a acontecer no ambiente que o cachorro ache mais interessante.

Os próximos dias e semanas são para a prática, mas as guloseimas devem ser cada vez mais retiradas. Desta forma, o Bernês aprende que também reage ao seu nome quando não lhe são dadas guloseimas ou quando não recebe o seu brinquedo de cada vez.

Treino em casa no Cão da Montanha Bernesa

A forma mais rápida de treinar um cachorro é tê-lo constantemente com o seu cuidador durante os primeiros dias. Desta forma pode ficar de olho nele e apanhá-lo imediatamente se sentir que ele está à procura de um lugar para urinar. Se for este o caso, leva-o para fora e põe-no no chão exactamente para onde está autorizado a ir. Mas, por favor, levem-no a sério: Não elogiar durante o processo de "libertação". O cachorro pararia imediatamente. Assegurando o seu conhecimento: Cada cachorro torna-se treinado em casa, mais cedo ou mais tarde.

Os cachorrinhos não precisam de passeios tão longos como os cães de montanha Berneses adultos, mas devem ser incluídas rondas mais pequenas e regulares. Os cachorros precisam de sair a cada duas ou três horas para que se possam soltar. Quanto mais frequentemente isto for feito, maior será a hipótese de os pequenos Berneses se habituarem e se desprenderem do exterior.

Os cachorros começam então também e "reportam" quando a pressão se torna demasiado forte. Mas todos o fazem de uma forma diferente:
- O cachorro senta-se ou fica em frente à porta da casa ou do jardim e espera
- O cachorro fareja intensamente o chão
- O cachorro faz um esforço para se agachar
- O cachorro torna-se inquieto
- O cachorro corre incansavelmente pela casa e tem o nariz no chão

Mas qual é a coisa certa a fazer se o pequeno Bernês vagueia pelo apartamento ou pela casa? Bem, depende de ele ser apanhado em flagrante ou de já se ter solto. Se tiver sorte, notará quando o cachorro procura um local adequado, vira-se no tapete várias vezes e depois senta-se. Nesse preciso momento, deve dizer clara e distintamente "não/fie ou desligado". A melhor coisa a fazer é apanhá-lo imediatamente e levá-lo para o jardim para que se possa soltar lá. Uma vez solto lá fora, é importante elogiá-lo exuberantemente.

Se, por outro lado, o percalço já aconteceu, o proprietário não deve repreendê-lo, mas sim limpar a confusão sem mais comentários. Os cachorros associam sempre elogios ou repreensões a uma situação presente e não compreenderão porque os repreende depois.

Contudo, a pior coisa que se pode fazer é espetar com o nariz o pequeno nos seus excrementos! Isto não só é nojento e desagradável para o animal, como também pode danificar o olfacto do cachorrinho, pois as fezes e a urina contêm muito amoníaco e, em reacção com a humidade (membranas mucosas nasais), pode corroer as membranas mucosas. Rejeições ou espancamentos ruidosos e desagradáveis também não são as formas certas de treinar os Berneses para serem treinados em casa. Pelo contrário, transforma-se no oposto. No futuro, dificilmente se atreverá a soltar-se na presença do seu cuidador e poderá procurar outros esconderijos - na casa ou no jardim. Não é uma ideia assim tão agradável, pois não?

Manuseamento de trela no Cão de Montanha Bernês

Tal como com a aprendizagem do comando "Venha", também pode ensinar imediatamente ao seu cachorro o comportamento correcto quando se trata de andar à trela. Isto não é tão difícil como alguns donos de cães pensam e o puxão é impedido desde o início.

No início, quando os Berneses ainda são pequenos e doces, as pessoas estão felizes por deixarem o puxão, ainda não é tão forte e o pequeno também tem de explorar os arredores. Na maioria dos casos, as pessoas simplesmente vão atrás deles, mesmo que o pequeno monstro aumente a velocidade e a trela se torne esticada. Mas isso é exactamente a coisa errada a fazer! Porquê? Porque o cachorro fofo e desajeitado aprende que quando descobriu algo que lhe interessa, tudo o que tem de fazer é puxar com força suficiente na trela. Óptimo - funciona!

Mas deve ter sempre em mente que o pequeno Bernês se tornará um cão pesado de 50 kg num futuro previsível. Então um passeio planeado e descontraído transformar-se-á numa "volta de stress" e certamente não quer fazer isso a si e ao seu cão. Especialmente no que diz respeito ao andar com trela, é urgentemente necessária uma consistência firme. No entanto, se for inconsistente, o cachorro internalizará que só tem de ser persistente e teimoso o suficiente quando quiser mudar de direcção.

Arnês de peito e colarinho como auxiliares

O cinto peitoral é usado quando se tem pouco tempo ou se deseja prestar atenção à consistência. A trela é presa ao arnês e se o cachorro puxar, pode facilmente levá-lo de volta. É diferente com o colarinho, porque assim que ele puxa o chumbo e está apertado, não se avança um centímetro. O cachorro irá notar claramente a diferença. A vantagem é que o dono pode agora praticar com o seu cachorro de uma forma muito descontraída.
É apenas importante certificar-se de que não se puxa o cachorro de volta com um idiota. O cachorro não aprenderá absolutamente nada. No entanto, isto é prejudicial à sua saúde, uma vez que a laringe é esmagada e a coluna vertebral é danificada.

O método "calcanhar

Com este método, o pequeno Bernês aprende a andar ao lado do seu cuidador. A trela está sempre solta. Primeiro pega-se numa guloseima, põe-se no chão e depois mostra-se ao cachorro. Enquanto desfruta da guloseima, dá alguns passos em frente, conforme a trela o permite. Quando o cachorro começa a andar e está ao seu lado, elogia-o com firmeza e põe-se de novo de pé. Repita este exercício até o cachorro parar automaticamente ao seu lado. Juntos, andam agora dois ou três passos à frente e depois elogiam-no novamente.

Este método é crucial quando se treina o cão para andar de trela. Se a trela for apertada, pára imediatamente e não avança. Não atrairá os Berneses, não o repreenderá, não se zangará e, certamente, não sacudirá e não puxará a trela. Basta ficar parado e esperar. Se o cachorro decidiu soltar um pouco a trela, espera-se um pouco mais. É importante que ele se oriente para o seu humano. Na melhor das hipóteses, ele vem ter consigo. Só depois é que se avança.

A mudança de direcção

Chegou o bonito Cão de Montanha Bernês e agora começa o treino. Contudo, se os Berneses só tendem a puxar para que possam chegar a um determinado destino o mais rapidamente possível (a sua casa) ou se querem ir para outra pessoa ou para um companheiro, então vale a pena trabalhar desta forma. O princípio é simples: o cachorro começa e puxa pela trela, depois simplesmente caminha numa direcção diferente. Depois volta-se num arco na direcção original. Assim que a trela se voltar a apertar, recomeçar e iniciar a mudança de direcção. Cada vez que a linha se aperta, aumenta a distância até ao ponto de destino. Se, por outro lado, a trela permanecer frouxa, pode caminhar rapidamente até ao ponto de destino. Certificar-se sempre de que o cachorro não é puxado para trás quando muda de direcção.

O que se faz quando o jovem cão de montanha Bernês se torna um valentão com trela?

Muitos donos de cães estarão familiarizados com isto: O cão puxa a trela, faz barulho e ladra com a cabeça. Passou outro cão. Se um Bernês jovem ou pubescente tem este tipo de agressão de trela, já não é divertido dar um passeio, porque é um teste de resistência, extremamente stressante e o esforço físico não deve ser espirrado em nenhum dos dois. Se um cão rebelde tão forte e grande pode, por vezes, tornar-se perigoso.

Há diferentes razões pelas quais um cão se comporta de forma tão agressiva:
1) O cão sofre de stress; não só quando vai passear, mas possivelmente também no ambiente familiar.
2) O Bernese é **subutilizado e a** energia em excesso é descarregada.
3) O Bernês tem a sensação de que tem de proteger o seu humano. A **hierarquia** não é clarificada entre homem e cão.
4) **A insegurança e o medo** podem desencadear uma agressão por trela.
5) Os problemas de saúde podem estar por detrás disto. **A dor** pode muitas vezes ser um gatilho de agressão.
6) É uma agressão **territorial.**

O que pode ser feito para que os Berneses já não sejam tão agressivos com a trela?

Antes de mais, deve manter-se calmo e não transferir a sua própria insegurança para o cão. Isto só iria encorajar o seu comportamento agressivo. Se sabe que o seu Bernês tem tendência para o fazer, deve usar um arnês de peito, pois os colarinhos colocam muita pressão na zona do pescoço e podem causar dificuldades respiratórias. Este é um sentimento negativo para o cão, que pode aumentar a agressão. É também importante levar os Berneses para o outro lado quando outro cão se aproxima de si. Desta forma, mantém o controlo e serve de tampão, por assim dizer, entre o seu próprio cão e o cão conspecífico. Outra possibilidade é mudar de lado para manter uma distância ainda maior em relação ao outro cão. Um brinquedo cobiçado ou um mimo também pode servir como distracção, pois estes são dados aos Berneses na sua boca enquanto o outro companheiro de cão passa.

A formação de clicker não é tão popular para nada: pode ser usada exactamente no momento certo. Deve-se clicar quando o Bernês está prestes a entrar em posição ou quando já está a olhar para o outro cão. A palavra "olhar" é exactamente o comando certo para os Berneses olharem para si quando os cães se encontram. Se ele seguir bem o comando, é imediatamente recompensado com o clicker e um mimo. Além disso, pode deixar o seu cão sentar-se. É perfeito quando o cão associa uma sensação agradável com o comando "Look and Sit" e sabe que será recompensado por isso. No entanto, as escolas de cães também podem intervir em tais situações de uma forma de apoio. Se, como dono de um cão, estiver inseguro e não souber como quebrar a agressividade da trela do seu cão de montanha Bernês, faz todo o sentido procurar conselho de um profissional e pedir ajuda. Os peritos encontrarão também a verdadeira razão para esta agressão.

Ensine ao cão da montanha Bernês que ele também tem por vezes de ficar em casa sozinho.

Há uma coisa que deve ensinar ao seu jovem cachorro de montanha Bernês: Para ficar sozinho! É muito mau para um Bernês, mas haverá sempre situações em que ele terá de ficar sozinho, mesmo que sinta muito a falta da sua família.

Há cães que sofrem muito quando calça os sapatos e o casaco/camisa, pega na sua mala de mão e coloca a chave da sua porta da frente. O Bernês é inteligente e sabe que estes são sinais de que precisa de ser deixado em paz. Mas pode tirar-lhe este medo, procurando mais vezes o casaco ou os sapatos e vesti-los sem sair pela porta da frente. Se os

Berneses compreenderam que o seu humano não deixa realmente a casa, estas acções não significam mais stress para ele.

Circunstâncias imprevistas podem forçar um dono a deixar o seu cão em paz, por isso é também bastante sensato praticar este ser sozinho de vez em quando. No início, começará com um pequeno período de alguns minutos e aumentará a ausência de vez em quando. Será mais fácil para o jovem cachorro se não tomar conta dele durante cerca de meia hora antes da ausência planeada. Quando regressar a casa - mesmo que tenha estado fora apenas por alguns minutos - os Berneses irão recebê-lo com alegria. Uma vez terminada a "pressa de boas-vindas", os pequenos Berneses devem ser elogiados por esperarem e estarem sozinhos. O dono do cão deve abster-se definitivamente de o fazer e não deve punir o seu cão se ele tiver partido algo enquanto esperava ou se tiver atraído a atenção dos vizinhos ladrando ou gritando.

Se quiser descobrir o que o seu pequeno Bernese faz enquanto está fora, pode instalar uma webcam ou colocá-la num armário. Isto dá-lhe a oportunidade de o observar e descobrir se está calmo e deitado no seu cesto, ou se vagueia nervosamente pela sala ou se se mete em outras travessuras. Também pode ser mais fácil para o Cão de Montanha Bernês estar sozinho, dando-lhe exercício suficiente (tanto físico como mental) antes de uma ausência planeada e dando-lhe toda a atenção. Durante o tempo em que está sozinho, faz sentido adoçar o tempo com o seu brinquedo preferido.

Quanto tempo deve/pode um cachorro de montanha Bernês ser deixado sozinho em casa?

Na verdade, é bastante claro que os cachorros muito jovens que acabaram de chegar à sua nova casa não devem ser deixados sozinhos de imediato. Isto pode desencadear ansiedade no pequeno e causar-lhe um trauma mental. Os criadores e peritos aconselham sempre que os novos donos tomem parte nas suas férias anuais para cuidar do pequeno Cão de Montanha Bernês. Após algumas semanas, pequenos períodos de tempo podem ser utilizados para que os Berneses se habituem a estar sozinhos.

No entanto, esta ausência não deve durar mais de quatro a cinco horas de cada vez. Se for um novo dono com um trabalho a tempo inteiro, deve tentar encontrar uma ama de cães com antecedência, mas também pode considerar a possibilidade de arranjar um lugar numa creche para cães. Afinal, estar sozinho durante oito horas não é alegria para um cão tão grande. De facto, deixar um Cão de Montanha Bernês sozinho durante várias horas não é de todo apropriado à espécie. Para além da solidão, não tem a oportunidade de fugir e correr por aí ou desabafar. O melhor lugar para um Cão de Montanha Bernês é, claro, numa quinta ou numa casa no campo, onde há certamente mais pessoas por perto todos os dias do que apenas um prestador de cuidados.

A escola de cães para o Cão de Montanha Bernês

Basicamente, cada pessoa sensata é capaz de treinar o seu próprio cão. Para aqueles que têm um cão pela primeira vez, há apoio sob a forma de guias, treinadores de cães ou mesmo muitos clubes de cães. É evidente que deve familiarizar-se com os vários tópicos antes de comprar um cão e decidir antecipadamente sobre uma raça, bem como conhecer as suas características.

Os Bernese Mountain Dogs são muito bons e relativamente fáceis de treinar, uma vez que são inteligentes e muito capazes de aprender. Contudo, as pessoas que têm um cão pela primeira vez também podem cometer uma série de erros quando se trata de treino. Entre os maiores erros que se podem cometer encontram-se os seguintes: Inconsistência, rigor excessivo, punição inadequada e elogios no lugar errado.

Se não confiar em si mesmo para treinar o seu cachorro sozinho e preferir ter um especialista ao seu lado, pode levar o seu cachorro Bernês a uma escola de cães. A maioria das escolas de cães também oferecem cursos especiais para cachorros. No entanto, deve ter-se o cuidado de não escolher a primeira escola de cães que aparece. É preciso prestar muita atenção à qualidade. Cada escola de cães funciona de forma diferente, oferece cursos diferentes e o estilo de trabalho nem sempre lhe convém.

Infelizmente, a profissão de "treinador de cães" não está protegida. Isto significa que qualquer pessoa pode registar um negócio e começar imediatamente, mesmo que não esteja de todo familiarizado com cães. É importante analisar atentamente o curriculum vitae do treinador de cães, perguntar que treino ele ou ela completou e se ele ou ela participou em mais treino. As escolas que têm boas referências não terão problemas em divulgar os seus registos. Só se aconselha cautela se não houver referências a formação ou formação contínua.

Na melhor das hipóteses, uma escola de cães é-lhe recomendada por amigos ou conhecidos. Mas mesmo que os conhecidos só falem bem da escola e sejam entusiastas, isto não significa necessariamente que seja a escola certa para si e para os seus Berneses. Se a primeira impressão for boa e os treinadores de cães forem agradáveis e parecerem competentes, pode organizar uma aula experimental.

As escolas de cães de renome também o oferecem frequentemente. Depois pode ser tomada uma decisão. As escolas de cães têm a vantagem de um perito em treino de cães estar ao seu lado e você aprende a compreender melhor o seu próprio cão. Os treinadores ensinam-lhe os comandos mais importantes e mostram-lhe como o cão/cachorro reage correctamente. Especialmente os cães principiantes que têm um cão pela primeira vez obtêm a segurança necessária no manuseamento do seu cão numa escola. A teoria e a prática são bastante diferentes, porque depois de se ter trabalhado em toda a literatura e compreendido o significado e o propósito por detrás dela, isto não significa que tudo se resolverá por si só na prática. Cada animal tem a sua própria cabeça (teimosa), aprende rapidamente ou por vezes mais lentamente. Um forasteiro tem frequentemente uma melhor visão das coisas que não funcionam da maneira que você quer. Se se sentir confortável e estiver disposto a aceitar críticas, uma escola de cães é sempre um bom enriquecimento. Para os donos de cães que até agora falharam nas suas tentativas de treinar o seu cachorro, uma escola de cães é também a chamada "última gota".

Alguns podem perguntar-se se não será exagero ir para a escola de cães com um cachorrinho bonito Bernês. Não é de todo exagerado! Mesmo que o cão ainda seja tão pequeno e bonito, ele ainda tem de aprender a obediência e seguir as ordens do seu dono. A dada altura, já não é pequeno, mas grande e pesa mais de 50 kg. Porque o dono do cão também tem de confiar cem por cento na reacção imediata do seu cão às ordens numa emergência. Começando com encontros inofensivos com outros cães, mas que podem evoluir para uma discussão ou quando o cão se solta e corre às cegas. A escola de cães também é boa para socializar o cachorro ou cão jovem. Tem de se dar bem com os muitos outros cães sem qualquer "ses e mas". Isto não é realmente um problema para o Cão de Montanha Bernês.

No entanto, alguns cães gostam muito da escola de cães porque brincam com os outros animais durante algum tempo e também fazem amigos. Desde que as "escolas de cachorros" aumentaram enormemente nos últimos anos, alguns peritos aconselham a não se inscreverem nelas.
O pano de fundo disto é que os mais pequenos aprendem mais lentamente e possivelmente adquirem um comportamento lúdico mais rude, que depois também utilizam em casa. Mas as escolas de cães também têm algumas desvantagens: É claro que tem de pagar por eles e as horas a que está autorizado a vir são prescritas. Além disso, pode ser desagradável se houver outros donos de cães no grupo com os quais não

se dá necessariamente bem. No entanto, vale a pena tentar abordar uma escola se precisar de ajuda profissional e se tiver uma mente aberta sobre o assunto.

A lição de brincadeira de cachorros

Os cães jovens deveriam ter ficado bem impressos com o novo dono. Isto significa que devem estar familiarizados com o seu novo proprietário e conhecer bem o apartamento ou a casa e o jardim. Já nas primeiras semanas na nova casa aprenderam a vir quando foram chamados e ganharam uma confiança básica no seu novo proprietário. O Bernês continua muito curioso e confiante nesta fase formativa.

Os pré-requisitos para uma boa relação entre o cachorro ou cão jovem e o dono são uma forte ligação, por exemplo, através do cão a dormir no quarto, e uma saudação alegre e brincadeira com o seu cuidador. A rigidez e a disciplina nesta idade são completamente inapropriadas. As bases para uma coexistência sem stress são lançadas no período entre a oitava semana e a vigésima semana. Bons dias de treino de cachorros dão ao jovem cachorro o que normalmente não se encontra com o dono: companheiros de brincadeira da mesma idade e aprendizagem divertida e lúdica.

Mas por favor tenha cuidado! Antes de ir a uma sessão de brincadeira com o seu cachorro, primeiro observe-o sem o seu cão. Observar os outros cachorros, os donos dos cães e os treinadores. Infelizmente, mesmo em tais sessões de brincadeira, é sempre possível ver alguns donos de cães a arrastar o seu cachorro atrás deles, empurrando-o através do túnel ou tentando arrastar à força o pequeno runt através da passarela - e ninguém diz nada sobre isso. A maioria das escolas ou clubes de cães oferecem sessões de brincadeiras de cachorros e é percebido como normal que nem todos os donos tenham as capacidades para manter um cão. Mas a grande maioria dos donos de cães tem experiência na criação e manutenção desta raça particular de cão.

Reconhecer a linguagem corporal do cachorro e aprender com ela.
No mundo canino, os cachorros comunicam entre si desde o início através da sua linguagem corporal. Isto inclui expressões faciais, postura corporal, o cheiro dos cachorros uns dos outros e os sons que fazem. Em geral, os cães usam as suas bocas, olhos, ouvidos e caudas para expressar os seus sentimentos. São, ao contrário de alguns outros animais, perfeitamente capazes de comunicar bem também com os humanos. O cachorro realizará o seu cuidador como parte da sua matilha e assim aprenderá rapidamente a reconhecer os humores e intenções.

O erro mais comum no treino de cachorros.

Se o cão mostrar um comportamento medroso ou agressivo, ou se esta situação desconhecida ultrapassar o cão, a maioria das pessoas pensa que tem de acariciar o cão jovem e assustado, a fim de reduzir o medo ou o comportamento agressivo. Mas isto é completamente errado! É errado porque o cão agora entende isto como um elogio pelo seu comportamento medroso ou agressivo e, assim, torna-se ainda mais medroso. Basicamente, o comportamento temeroso e/ou agressivo não é nem recompensado nem proibido, mas simplesmente ignorado. Muito rapidamente isto pode realmente tornar-se um enorme problema.

O que procurar na parentalidade.

Onde é o melhor lugar para começar?

Para que seja o mais fácil possível para um cachorro, deve sempre começar a treinar num ambiente familiar que é muito baixo em estímulos. O nível de dificuldade deve ser ajustado muito lentamente. Esta é a melhor maneira de aumentar a sensação de realização. Além disso, o momento certo é outro aspecto importante. **Atenção: Os** dois primeiros segundos são decisivos para um comportamento positivo, porque só então o cachorro associa o seu comportamento com uma recompensa, como comportamento desejado.

A recompensa não deve e não tem de ser feita por guloseimas de cada vez. Um "Grande" verbal já é suficiente ou uma pequena brincadeira com o cachorro também significa uma recompensa para ele.

A melhor maneira de descobrir qual o tipo de recompensa a utilizar em última análise para o cachorro é através de tentativa e erro. Também são possíveis variações de guloseimas, palavras de elogio ou jogos curtos. O principal é que o cãozinho espera atentamente pelo próximo comando. Uma desvantagem dos elogios com guloseimas é que o cachorro pode simplesmente "ficar cansado" deles e deixar de os aceitar. Aqui tem de experimentar de que outro tipo ele gosta ou se faz algum sentido elogiá-lo com guloseimas. É importante que ele possa associar o seu bom comportamento com o tipo de elogios que lhe são feitos.

No início, faz sentido praticar novos comandos com guloseimas. Assim que o cachorro tiver dominado bem isto, poderá gradualmente prescindir e apenas elogiar com voz, expressões faciais e um jogo. No entanto, se trabalhar muito com guloseimas, certifique-se de que a comida principal é reduzida para evitar que o cachorro fique com excesso de peso. É também importante que sejam observados períodos de descanso suficientes. As competências recém aprendidas devem ser primeiro internalizadas para que o cachorro possa recordar-se delas a qualquer momento.

O comando "Come or Here

É o comando mais importante de todos para todos os cães. O animal deve poder ser imediatamente recolhido de qualquer situação possível. Especialmente em cachorros, é muito fácil praticar este comando, uma vez que o cachorro ainda está muito relacionado com o seu cuidador e irá rapidamente segui-lo. Como em qualquer exercício, o timing é importante. Por conseguinte, só deve chamar o jovem cão quando tiver a certeza de que ele virá até si e não estiver ocupado com nada. Quando chegar a altura certa, chame o nome do seu cão e incentive-o a vir ter consigo. Isto pode ser feito fazendo um som especial, batendo palmas, mostrando um brinquedo ou dando meia-volta e afastando-se. É preciso experimentar aquilo a que o cachorro responde melhor.

Assim que o cachorro "começa" e chega até si, usa o comando "Come" ou "Here". Uma vez que o cachorro tenha chegado, é elogiado exuberantemente e com uma voz amigável. No início, este comando deve estar ligado a uma experiência muito agradável, por exemplo, uma grande recompensa, um jogo curto ou um tratamento especial. Desta forma, consegue-se que o cachorro venha até si mesmo quando está de facto fixado noutra coisa.

E essa é também a razão pela qual nunca se deve repreendê-lo quando ele chega. Nem mesmo que não tenha escutado as primeiras vinte vezes. Deve começar com este comando num ambiente onde há muito poucos estímulos para o cachorro.

Passado algum tempo, o nível e a distracção podem então ser aumentados. Os Bernese Mountain Dogs são considerados como sendo muito orientados para as pessoas, amigáveis e de natureza equilibrada. Devido ao seu limiar de estímulo extremamente elevado, são pacientes e permitem muito, normalmente reagem com muita calma ao seu ambiente. No entanto, como acontece com todos os cães, o bom treino é a essência e o fim de tudo. Os Berneses são animais teimosos, o que pode ser devido à sua auto-confiança, e também só aprendem os comandos básicos quando querem. No entanto, se se mantiver com consistência e motivação na formação, também são fáceis de treinar. Felizmente, os Cães de Montanha Berneses não têm um forte instinto de caça e deambular por aí não está nos seus genes. Só tem de ter cuidado se houver um cão macho desconhecido no território, porque então o seu próprio cão macho pode tornar-se desconfortável.

Regras claras para cachorros cachorros de montanha Bernese

Os cachorros Berneses, como basicamente todos os cães, precisam de regras muito claras e comandos curtos. Comandos demasiado longos só confundem o cão. Pode vê-lo nos comandos curtos e concisos como "sentar, sentar e calcanhar", que provaram a sua eficácia durante muito tempo.

A aprendizagem dos comandos básicos é extremamente importante para viver com um cão no futuro e também para a forma como este irá interagir com outros animais e pessoas. Claro que não será bem sucedido no início, mas vale a pena continuar a fazê-lo e também traz segurança para o homem e o cão. Com o comando "Down", ajuda o cão e a si próprio a acalmar-se. Idealmente, o cachorro ou cão jovem ficará no seu cesto ou cobertor e terá tempo para outras coisas. Os comandos básicos estão, portanto, lá para facilitar a vida em conjunto para ambos os lados.

É errado desistir imediatamente se os cachorros não fizerem imediatamente o que se pede ou se espera deles. Cada cão tem um carácter diferente e aprende à sua maneira, embora os Cães de Montanha Berneses sejam animais muito espertos que podem rapidamente compreender e pôr as coisas em prática. Se tiver muita paciência no início, quando os cães estiverem a aprender, isso compensará nos anos seguintes e a diversão e a alegria prevalecerão.

É assim que o cachorro Bernês aprende o comando "Sit!

- Uma vez que o pequeno Bernês tenha assentado no seu lugar ou cobertor, pode acariciá-lo enquanto diz "Place" repetidamente. Desta forma, associa a palavra "sentar" a uma experiência

positiva.
- Assim que notar que o cachorro está cansado, atrai-o para o seu cesto, por exemplo, com uma guloseima. Se ele se deitar no cesto, repete a palavra "Sentar".
- Depois de repetir este exercício durante algum tempo, o passo seguinte é tentar enviar o cachorro para o seu cobertor ou cesto apenas dizendo a palavra "sentar". Se isto acontecer sem mais problemas, então um grande elogio é devido.

O comando "Sit!" é também importante para os mais pequenos.

Mesmo os pequenos cachorros Berneses têm de aprender o comando "Sentar" (quanto mais cedo, melhor). Mas o comando "Sentar" não é usado apenas para mostrar às pessoas o que o seu cão já pode fazer. Este comando básico destina-se a que o cão assuma uma posição segura e, por exemplo, a esperar no local pelo seu humano. Aprende a descansar dentro de si mesmo e não se torna um factor de risco simplesmente correndo e possivelmente incomodando outras pessoas ou, no pior dos casos, correndo para a rua.

É assim que o cachorro aprende o comando "Sit!
- Os cachorros jovens que ainda não tiveram qualquer experiência com exercícios de aprendizagem compreendem os comandos "Sentar" e "Abaixar" muito rapidamente.
- Para "Sentar", tomar uma guloseima entre o polegar e o dedo médio.
- Mover a mão com a guloseima para cima para além do seu nariz.
- Assim que as nádegas se moverem em direcção ao chão, dê o comando "Sente-se!
- Se o cachorro se sentar mas depois tentar ficar de pé nas patas traseiras, o comportamento deve ser parado com um "Não"

afiado.
- Quando o cachorro tiver sentado, a recompensa é dada imediatamente.
- Após algumas sessões de treino, diga o comando "Sente-se" sem um mimo, pois o cachorro só deve responder ao sinal da mão.

Bater nas suas próprias coxas ou bater palmas assinala ao cachorro que ele se pode levantar e vir. É também importante notar que durante o treino de cachorros não só a consistência é importante, mas também muita tranquilidade. Sentimentos emocionais fortes nunca devem ser mostrados, não deve haver gritos e, acima de tudo, não deve haver violência/atacções.

Alguns pontos-chave a considerar no treino do Cão de Montanha Bernês.

Uma vez que o novo cachorrinho Bernês tenha chegado à sua nova casa, precisa primeiro de muito descanso e sono. Deve ser dada prioridade à sua familiarização com a sua nova casa. Nas primeiras semanas, evite levá-lo em viagens ou convidar muitos amigos e conhecidos a apresentá-los ao novo hóspede, isto irá sobrecarregá-lo e será já suficientemente cansativo para ele. O pequeno Bernês tem de se habituar lentamente ao novo ambiente e isto precisa de tempo e paciência, especialmente no início. No entanto, deve estabelecer regras claras desde o início, tais como um local fixo para dormir. Tenha também em mente que o pequeno Bernês acabou de ser separado dos seus irmãos e da sua mãe e pode uivar de vez em quando para lidar com a separação. Pode facilitar-lhe a vida colocando um cobertor com os cheiros dos seus irmãos no seu cesto.

Treino de cães - aprender e brincar ao mesmo tempo

Especialmente com cães jovens, é importante que o treino de cães comece de forma lúdica e aumente de vez em quando. Não é uma questão de aprendizagem rápida, mas sim de paciência e de tempo. O manuseamento correcto do cachorro é importante, pois só assim ele se desenvolverá bem e a sua natureza e carácter se desenvolverão da melhor forma possível. Se tiver dúvidas sobre a educação do seu cachorro, não hesite em consultar um especialista antes que algo corra mal. Então a educação também trará muita alegria e diversão.

Levantar o Cão de Montanha Bernês sem stress.

O treino básico de um Bernês apresenta, no início, grandes desafios a muitos donos de cães. Não é apenas a teimosia que testa a sua paciência, mas também o facto de alguns cachorros aprenderem mais depressa do que outros. É por isso que é muito importante que um cachorro ou um cão jovem não seja sobrecarregado. Mas há também outras razões para o treino de cães sem stress, nomeadamente que não se quer um cão inseguro ou mesmo assustado.

Criar um cão adequadamente é por vezes mais difícil do que o esperado. Especialmente com os Bernese Mountain Dogs, o treino desempenha um papel importante, porque o cachorro bonito e desajeitado transforma-se num cão grande num curto espaço de tempo, que depois chega à puberdade. Nessa altura já deve estar razoavelmente bem comportado. Especialmente os cães machos testam os seus limites e começam a jogar jogos de poder.

O cão adulto - Quais são as características especiais desta raça?

Os Cães da Montanha Berneses são uma raça especial. Combinam determinação, coragem, força e auto-confiança numa natureza amorosa. Eles são verdadeiros "ursos" para acarinhar e amar. Apenas algumas raças de cães grandes são tão bem adaptadas como cão de família pela sua natureza. Outra coisa que o distingue é que ele tem um elevado limiar de irritação. Ele não é facilmente adiado por nada, pois tem um instinto de caça relativamente baixo. Apenas a sua actividade como cão de guarda deixa algo a desejar, porque reage muito amigavelmente a estranhos. Ele também não ladra muito (ao contrário do Appenzeller Sennenhund).

De quanta variedade necessitam os cães de montanha Berneses?

Não se deve enganar pela sua aparência, onde parece ponderoso e preguiçoso. Na realidade, ele precisa de exercício diário e está também muito ansioso por correr. Os Berneses adoram caminhadas extensas sobre colinas e vales. Ele também gosta de jogos que requerem a sua inteligência. Em vez disso, abstenham-se de desportos caninos feitos para cães activos e com um ritmo elevado, tais como o agility. Jogging ou ciclismo também não são desportos de que ele gosta particularmente. Os Bernese Mountain Dogs são provavelmente mais feitos para o trabalho como cães de resgate ou de tracção. Devido ao seu casaco grosso, é necessário ter cuidado no Verão. Para que os Berneses não sobreaqueça, é melhor deixá-lo dentro de casa. Aí pode procurar um local sombrio. É diferente no Inverno, quando ele está no seu melhor na neve e no frio. Um Cão da Montanha Bernês procurará sempre a proximidade da sua família ou do seu cuidador. Precisa de um contacto próximo. Por conseguinte, também se deve estar ciente de que se deseja toda a atenção e afecto. Procura união e contacto físico, adora ser acariciado e acariciado.

A liberdade de movimento é sagrada para o Cão da Montanha Bernês, e é por isso que ele também precisa dela no seu ambiente doméstico. Uma quinta ou cavalariça ou pelo menos uma casa maior com uma corrida/jardim correspondentemente grande são simplesmente perfeitos para ele. As pessoas que vivem num pequeno apartamento numa cidade pequena devem abster-se de adquirir um Bernês. Ele só se tornaria infeliz.

Três sugestões para jogos de inteligência:

1) **Esconder e procurar: Esconder** um brinquedo ou mimo na casa ou jardim e deixar que os Berneses o procurem.
2) **Limpeza:** Ensine o cão a colocar um brinquedo de volta numa caixa. Praticar até compreender apenas por sinais manuais.
3) **Jogo do chapéu:** Esconder uma guloseima sob um de três chapéus ou outros objectos. O cão vigia. Deslocar os cones. O cão deve agora apontar para o cone correcto. Se não funcionar de imediato, pode reduzir a velocidade do movimento.

O que deve ter em atenção ao comprar um Cão de Montanha Bernês?

Se tiver decidido comprar um Bernês, deve certificar-se de que os cachorros têm idealmente entre nove e onze semanas quando são entregues. Neste contexto, é claro que também é importante escolher o criador: ele tem um website profissional ou há comentários positivos sobre ele?

Em geral, é importante assegurar que um cachorro de montanha Bernês esteja em bom estado geral. Isto inclui dentes brancos e um comportamento curioso e alerta. Os machos precisam de uma formação mais rigorosa do que as fêmeas, que são mais facilmente submissas. Se a formação for realizada de forma persistente mas amorosa, o cachorro Bernês pode tornar-se um companheiro esplêndido, amável e fiel durante muito tempo.

Nutrição, saúde e cuidados

Nutrição

Antes que o novo membro da família se mude finalmente consigo, o equipamento básico já deve, evidentemente, estar instalado, mas também deve pensar na dieta do (ainda) pequeno cão.

Este é um tópico muito extenso, onde há muito a considerar e onde também se pode fazer muito mal. Se escolheu um criador respeitável, ele será capaz de responder a todas as suas perguntas sobre a dieta correcta. Normalmente, ele também lhe dará um plano de dieta detalhado a seguir durante as primeiras semanas. Idealmente, ele também lhe dará a comida anterior do cachorro. Desta forma, o cachorro pode continuar a receber a sua comida habitual durante algum tempo e não tem de se adaptar a uma mudança de comida. A alimentação dos cachorros está sempre bem adaptada às necessidades dos cachorros jovens e fornece-lhes os nutrientes necessários. Lembre-se que os cachorros e os cães jovens precisam de nutrientes diferentes dos dos cães adultos.

Especialmente na fase de crescimento, deve-se ter o cuidado de assegurar um fornecimento suficiente de cálcio e fósforo, pois são extremamente importantes para uma estrutura esquelética saudável. Mas também aqui se aconselha cautela: Demasiadas manivelas minerais aumentam o crescimento e são muito prejudiciais numa raça tão grande como o Cão de Montanha Bernês.

A dose alimentar bem como o conteúdo alimentar devem ser sempre adaptados às necessidades pessoais dos Berneses. Se ainda não estiver familiarizado com isto, por exemplo como novo dono de um cão, pode discutir isto com o seu veterinário. Se mudar completamente os alimentos após algum tempo, deve proceder cuidadosamente para evitar problemas de estômago e diarreia. É melhor ir e misturar um pequeno punhado de comida nova com a comida habitual. Desta forma, o corpo pode habituar-se aos novos alimentos.

Para evitar que o seu Cão de Montanha Bernês se torne obeso e desenvolva problemas de saúde como resultado, é importante não só garantir exercício suficiente, mas também uma dieta apropriada e equilibrada para a espécie. Esta consiste numa boa mistura de carne (proporção elevada), vegetais e fruta. Entretanto, há também muito bons alimentos húmidos e secos disponíveis que se podem alimentar sem hesitação. Outra opção para os produtos já prontos é o "vomitar", que já se tornou popular entre muitos donos de cães. Se está familiarizado com o vómito (abreviatura de "Born-Again Raw Feeders"), também pode alimentar o seu cão de montanha Bernês desta forma. Carne fresca, peixe, espinhas e miudezas são os principais ingredientes. Se estiver a considerar este tipo de dieta, contudo, deve primeiro falar com o seu veterinário ou consultar um nutricionista de animais. Por exemplo, pellets feitos de cenouras orgânicas podem promover a pigmentação do pêlo e são também bons para a digestão.

Uma comparação dos tipos de nutrição

Para além dos alimentos secos já apresentados, existem também outros tipos de alimentação. Tal como com a esterilização, também aqui as opiniões divergem. É melhor verificar que tipo de comida é que o cachorro já recebeu do criador. Basicamente, existem dois tipos de alimentação, nomeadamente alimentos pré-preparados e carne fresca (BARF). A comida pronta está disponível como comida húmida e seca. Ambas as variantes têm vantagens e desvantagens.

Vantagens alimentos secos

A quantidade uma vez determinada e considerada boa permanecerá constante desde que mantenha a rotina do seu cão, tal como a intensidade do exercício.

- É descomplicado: Comprar, alimentar, feito. A adição de vitaminas e outros suplementos alimentares não é normalmente necessária.
- O transporte e o armazenamento são muito fáceis, mesmo em férias.
- Também se pode dar a ração alimentar em viagem ou durante o desporto, quando é suposto o cão trabalhar a sua comida.
- Tem um longo prazo de validade.
- Os cães com estômagos sensíveis são protegidos pelas porções mais pequenas mas ricas em nutrientes.

Desvantagens alimentos secos
- A composição da carne e dos recheios, tais como cereais, é diferente para cada variedade.
- A composição não pode ser verificada por si mesma.
- É difícil para si reagir ao estado de saúde individual do seu cão, por exemplo, se ele tiver diarreia.
- Muitas variedades não são apenas de grão, mas também contêm açúcar, sabores artificiais e intensificadores de sabor.
- A necessidade de líquidos é maior, pelo que os cães que bebem pouco precisam de ser encorajados a fazê-lo.
- Os alimentos secos podem inchar no estômago e, portanto, em circunstâncias desfavoráveis, levar à gastrite, à qual todos os cães grandes têm uma tendência maior do que os mais pequenos.

Vantagens dos alimentos húmidos
- Sabe bem a quase todos os cães.
- A comida húmida é quase sempre a opção mais barata.
- É fácil de comprar e fácil de armazenar.
- A comida húmida tem uma vida útil de meia eternidade.
- O teor de humidade é elevado.
- Os cães com dentes sensíveis podem mastigar bem a comida molhada.
- Pode ser utilizado como um alimento completo, ou seja, não é necessário acrescentar mais nada, como vitaminas, oligoelementos, etc.

Desvantagens da comida húmida
- A composição não pode ser controlada.
- Os intensificadores de sabor e aromatizantes artificiais são cada vez mais encontrados nos alimentos húmidos.
- O teor de carne varia em função da variedade.
- Muitos cães recusam outros tipos de alimentos depois de estarem habituados a um só tipo.

- Se o seu cão for alérgico, por exemplo, a composição do alimento não pode ser ajustada individualmente.

Vantagens BARF

- A comida é fresca.
- A maioria dos cães gosta de carne fresca.
- Tem controlo total sobre o que o seu cão come e pode ajustar-se individualmente, por exemplo em caso de gravidez e muitas doenças.
- As vómitos não utilizam quaisquer agentes de enchimento, conservantes ou sabores artificiais.
- Há muito mais variedade no horário de alimentação.

Desvantagens BARF

- O vómito requer informação e conhecimentos que tem de adquirir. Ler ou ir à loja de vomitar da sua escolha é uma obrigação!
- Este método de alimentação é demorado à medida que se ralam ou cozinham legumes frescos e cada refeição é preparada em conjunto.
- O custo é mais elevado do que a média da comida seca ou húmida, mesmo significativamente se se comprar comida pronta barata.
- Se armazenados incorrectamente, quaisquer germes que possam estar presentes podem propagar-se.

Independentemente do método que escolher, certifique-se de que tem um elevado teor de carne e observe atentamente a sua composição. Mesmo que leia relatórios de testes, preste atenção ao que foi testado. Se se verificar apenas se a composição declarada na embalagem corresponde à verdade, a nota "muito boa" ainda nada diz sobre a qualidade da comida para cão.

Não há dúvida de que um cão tem sempre água fresca suficiente disponível! Uma dieta errada tem maus efeitos sobre o fiel companheiro. Se os amigos de quatro patas tivessem uma palavra a dizer no menu, então uma ou outra das deliciosas refeições gordurosas do seu mestre iria certamente parar à tigela. O instinto natural tem pouca influência no plano alimentar do cão. Os cães de hoje já estão habituados a comer queijo, vários tipos de enchidos e alimentos secos com aromatizantes e aditivos.

Os defensores do vómito colocam especial ênfase nos ingredientes valiosos encontrados na carne e vegetais crus, que já não têm um valor nutricional tão rico quando cozinhados. No entanto, se não estiver seguro sobre a melhor maneira de alimentar o seu cão de montanha Bernês, fale com o seu veterinário ou criador que certamente lhe dará bons conselhos. O que e quanto o Bernês precisa também depende de quanto pesa, da sua idade e de como são as suas actividades diárias.

Criação e cuidados do Cão de Montanha Bernês

Para além da dieta correcta, há algumas coisas a considerar no que diz respeito ao cuidado e manutenção dos Berneses, porque um Cão de Montanha Bernês adulto precisa principalmente de muito espaço. Como já foi mencionado, um pátio ou uma casa com uma área apropriada é o melhor ambiente para ele. Deve também ter em mente que os pequenos cachorros Berneses não podem subir ou descer escadas nos seus primeiros meses, pois isto é veneno para as suas articulações ainda não completamente desenvolvidas. Uma entrada ao nível do solo não é apenas ideal quando o cachorro é jovem, mas também mais tarde, quando os Berneses já não conseguem subir ou descer escadas devido à sua idade, isto tornará as coisas muito mais fáceis. Certamente não o levará para cima ou para baixo das escadas com uns bons 50 kg. Para além do peso, seria demasiado perigoso cair com o cão.

O cuidado do casaco

A sua pelagem tricolor é característica do Cão de Montanha Bernês. O seu pêlo já é relativamente comprido, mas liso na maioria dos animais. Em algumas raças, é ligeiramente ondulado. A cor básica é o preto, interrompido por marcas brancas que vão desde a testa até ao peito. As patas e a ponta da cauda também são estriadas com pêlo branco. As pernas e as moscas, por outro lado, têm pêlo castanho-avermelhado. A característica marcante é que existem pequenas manchas acastanhadas acima dos olhos. Foi assim que recebeu o nome de "cão de quatro olhos" em anos anteriores.

Para assegurar que os Berneses também mantêm a sua sensação de conforto, o cuidado com o pêlo é importante, porque não há nada pior para um cão quando o seu pêlo é acasalado e faz comichão. Por conseguinte, o casaco deve ser escovado pelo menos duas a três vezes por semana. Isto evita o acasalamento e mantém o casaco brilhante. Quando o casaco muda, pode escovar o seu Bernês todos os dias. Não se esqueça de verificar os ouvidos, olhos, dentes, garras e patas regularmente, pois estas também precisam de ser limpas de tempos a tempos.

Mas tenha cuidado ao cortar garras: Existe o risco de cortar rapidamente em tecido vivo e de causar dores graves ao cão. Se não tiver a certeza, consulte um profissional. Quando escovar o seu Bernês, verifique também a pele, para que possa reconhecer facilmente as mudanças de pele (caroços ou protuberâncias) e apresentar o seu animal ao veterinário. O veterinário realizará então os exames apropriados. Uma atitude adequada à espécie e cuidados regulares com os seus Berneses contribui para a saúde e bem-estar e também assegura que você e os seus Berneses irão desfrutar da companhia um do outro a longo prazo.

Os alérgicos devem evitar os cães de montanha Berneses.

Há muitas pessoas que sofrem de alergias ao pêlo de cão. São sobretudo os cães que perdem muito pêlo, o que causa problemas às pessoas. No entanto, não é o cabelo em si que desencadeia uma alergia, mas sim o pêlo que cai com a queda do cabelo. Os cães de montanha Bernese têm infelizmente um elevado potencial alergénico e devem ser evitados por quem sofre de alergias. Especialmente durante uma mudança de pêlo, quando o denso sub-pêlo também sai e o cão tem de ser escovado diariamente, seria provavelmente insuportável para quem sofre de alergias.

Doenças típicas

Quais são as doenças típicas da raça Bernese Mountain Dog?

Infelizmente, como em todas as raças de cães de grande porte, existem também doenças nos cães de montanha Bernese que são determinadas geneticamente, tais como displasia da anca ou displasia do cotovelo. Por conseguinte, não devem subir escadas, especialmente nos primeiros meses de vida. As doenças típicas da raça são descritas resumidamente a seguir.

Displasia da anca

A displasia é uma desordem de desenvolvimento nos ossos que ocorre frequentemente em cães grandes. No entanto, a medida em que a displasia da anca se desenvolve num cão nem sempre tem nada a ver com uma predisposição genética. Uma vez excluída uma predisposição genética para a condição, existem outros factores que podem ser desencadeadores, tais como má nutrição ou mesmo trabalho físico e árduo. O problema com cães que têm displasia da anca é que a tomada é demasiado rasa para segurar correctamente a cabeça do fémur na tomada.

Devido a isto, a articulação da anca tem uma grande margem e perde estabilidade ao longo do tempo. Isto leva a uma carga incorrecta, que por sua vez é responsável pela degeneração da cartilagem articular. A capsulite ou depósitos ósseos podem ser o resultado e também causar artrose grave.

Se a doença está muito avançada, a musculatura degenera cada vez mais e a vida quotidiana do cão é muito prejudicada. Para determinar se um cão tem HD, o veterinário pode fazer um raio-X ao cão. Para tal, o animal é anestesiado e as patas são esticadas para as posições apropriadas.

Displasia do cotovelo

A displasia do cotovelo (DE) é uma doença crónica da articulação do cotovelo que é mais comum em raças de cães que crescem rapidamente. Infelizmente, a displasia do cotovelo é hereditária. Isto significa que as perturbações de desenvolvimento ocorrem no esqueleto em crescimento. Mas erros na alimentação durante a fase de cachorro e cão jovem também podem desencadear ED. Geralmente começa em cães jovens entre os quatro e oito meses de idade, cuja fase de crescimento ainda não está completamente terminada. É acompanhada por uma mudança na articulação, o que é muito doloroso para os animais jovens. A liberdade de movimento do cotovelo é severamente restringida. Um sinal precoce de DE é a chamada "rigidez matinal" ou rigidez depois de os cães terem descansado. A doença progride lentamente e acompanhará os cães ao longo das suas vidas. Como mencionado acima, não é curável, mas a dor pode ser aliviada com medicação apropriada.

Prevenir problemas articulares e displasia
1) Um Cão da Montanha Bernês precisa de muito exercício, que ele tem num grande jardim ou quintal. Isto também o mantém flexível.
2) Os cachorros têm uma maior necessidade nutricional para que o crescimento ósseo prossiga bem. Nos primeiros meses, necessitam, portanto, de comida especial para cachorros.
3) Um cachorro não deve ter de se esforçar excessivamente e deve ser fácil nos ossos.
4) Escadas para cães ou degraus para cães são bons auxiliares para

levar o cão para dentro do carro sem demasiados problemas.

Osteochondrosis Dissecans (doença óssea abaixo da cartilagem articular)

Se um jovem Bernês sofre de TOC, isto significa que o tecido da cartilagem não ossifica lentamente, mas continua a crescer. A cartilagem engrossa visivelmente e já não é fornecida com nutrientes suficientes. Partes do molde da cartilagem. Ao contrário do osso, o tecido cartilagíneo não tem um fornecimento de sangue, o que significa que o fornecimento de nutrientes do tecido circundante é mínimo. As peças de cartilagem mortas movem-se na articulação e causam dor. Os gatilhos para o TOC podem ser:
- Alimentação demasiado rica em energia
- Sobrecarga
- Lesões como uma entorse
- Pré-carga genética
- Perturbação do equilíbrio hormonal
- Excesso de peso

O TOC ocorre principalmente em cães jovens no seu primeiro ano de vida. Não há cura para esta doença, mas os cães afectados podem ser tratados para o alívio da dor. Ao fazer uma radiografia, o veterinário pode determinar se o jovem cão tem ou não TOC e, em caso afirmativo, qual o seu estado de avanço. Se o TOC for diagnosticado demasiado tarde e já tiver atingido um estado crónico, os danos nas articulações já não podem ser curados. Tem-se sorte se for diagnosticado numa fase inicial, porque então existe a possibilidade de se conseguir uma melhoria através da alteração da dieta e da restrição dos movimentos (restrição da trela).

Histiocitose maligna (doença tumoral)

A histiocitose maligna é uma doença tumoral que é hereditária e ocorre quase exclusivamente nos Cães da Serra Bernesa. Outras raças de cães só muito raramente são afectadas por esta doença.

Existem dois tipos:

histiocitose cutânea
- ➤ Nódulo e formação de placa na pele
- ➤ Queda de cabelo

divulgou a histiocitose
- ➤ O fígado, pulmões e gânglios linfáticos são afectados
- ➤ Problemas respiratórios
- ➤ Fadiga
- ➤ Perda de apetite e perda de peso

As chamadas "células necrófagas do sistema imunitário" - os histiócitos - degeneram no tecido conjuntivo do corpo. Isto faz crescer tumores e formar metástases malignas que se enraízam nos órgãos, danificando-os. Infelizmente, esta doença também leva à morte do cão. Do ponto de vista veterinário, não há cura, uma vez que a quimioterapia e a radiação não têm qualquer efeito. A medicação só pode proporcionar alívio da dor para o cão de montanha Bernês afectado.

No entanto, os criadores tentam reduzir a elevada susceptibilidade a esta doença nos Berneses através de cruzamentos com outras raças de cães.

Onde se pode usar o Cão de Montanha Bernês?

Os Bernese Mountain Dogs são conhecidos por serem bem adaptados como cães de família, uma vez que se dão muito bem com as crianças. No entanto, devido à sua fiabilidade, força e enorme vontade de trabalhar, são também populares como cães de projecto e de resgate.

O Bernês como cão de resgate

O Bernese Mountain Dog é ideal para trabalhar como cão de resgate. Este desporto canino cobre várias áreas, tais como rastreio e busca de áreas, manutenção e trabalho de nariz.

Também são feitos exercícios para treinar o controlo e equilíbrio corporal dos Berneses. Aqui, trata-se principalmente de ultrapassar vários obstáculos, tais como uma ponte, um túnel ou outros obstáculos. A agilidade é correr através de uma pista de obstáculos com velocidade. O treino de cães de salvamento é mais sobre destreza, execução precisa e concentração. O Bernese Mountain Dog gosta de provar a sua inteligência muito mais do que de ser altamente activo em movimento. Devido à sua construção, as articulações dos Berneses devem ser poupadas e os desportos caninos rápidos, tais como agilidade, bola voadora ou obediência estão fora de questão para ele, uma vez que as possibilidades de ferimentos são demasiado grandes.

O Cão da Montanha Bernês como um cão de projecto

Os cães de montanha foram criados como cães de quinta e as suas tarefas diárias eram de guardar e reunir os rebanhos de gado. Os agricultores também utilizaram os cães para puxar carrinhos carregados com mercadorias. Este "desporto" tem sobrevivido até hoje. Há diferentes disciplinas em que o cão ou carro forte Bernês tem de puxar. É importante que o arnês se ajuste correctamente e que não atrase o peito e os ombros. Deve ser especialmente adaptado para puxar desportos caninos. Se não encaixar correctamente, pode beliscar ou comprimir partes do corpo. Se a carga de tracção não for distribuída uniformemente sobre o corpo do cão, podem ocorrer lesões. O Dogtrekking (caminhada por dias) é também um desporto que os Berneses adoram.

Factos interessantes sobre o Cão de Montanha Bernês

Infelizmente, há também "pontos fracos" que o Cão de Montanha Bernês tem: Tem tendência para se babar e praticamente se livrar durante todo o ano. É também importante saber que o grande e forte Bernês é propenso à ansiedade se tiver pouco ou nenhum contacto familiar e se for deixado sozinho demasiadas vezes. Esta raça precisa (mais do que muitas outras raças) de contacto com o seu povo. Precisa, portanto, de muita proximidade. O Bernês não é um cão para regiões quentes onde é predominantemente quente. Por causa do seu casaco grosso, ele luta com o calor e o calor. A esperança de vida do Cão de Montanha Bernês é bastante baixa e ele é muito susceptível a doenças hereditárias. Poucos Berneses vivem até aos dez anos de idade, mas o seu carácter amoroso e a sua bela aparência fazem com que os aspectos negativos se desvaneçam um pouco para o fundo.

Características especiais dos cachorros de pêlo curto do Cão de Montanha Bernês e do animal adulto

Esta raça de cão suíça não é adequada para pessoas que querem ter um cão pela primeira vez. Os donos adequados são pessoas que têm boa auto-confiança e resistência, porque os cães da montanha têm um carácter forte e uma teimosia pronunciada e por vezes precisam de uma mão firme. Os Cães de Montanha Berneses de Pêlo Curto têm a peculiaridade de terem uma teimosia impressionante e o desejo de testar o seu cuidador. Além disso, apresentam um comportamento de domínio extremo em relação a outros cães. Os futuros proprietários de um Bernês de pêlo curto devem saber que esta raça não é necessariamente muito compatível com outros animais. Mas já é possível habituar os cachorros a brincar e a conhecer outros membros da sua própria espécie. A socialização precoce é importante para os cachorros, pois mais tarde eles não só se comportarão de forma reservada, como também podem tornar-se agressivos.

O Cão de Montanha Entlebuch

Origem, físico e aparência

O Entlebucher Sennenhund é também originário da Suíça e foi também criado como cão de quinta. O vale do Entlebuch nos cantões de Lucerna e Berna dá-lhe o seu nome. Os primeiros registos encontrados sobre esta raça datam de 1889. Nessa altura ainda se chamava "Entlibucherhund". Foi apenas muito mais tarde que a raça "Entlebucher Sennenhund" de hoje se desenvolveu. No início do século XIX, os cães da montanha e do gado ainda se encontravam agrupados. Especialmente o Appenzeller e o Entlebucher dificilmente poderiam ser distinguidos nessa altura.

Aparecimento do Cão de Montanha Entlebuch

Os Entlebucher Sennenhunde são cães de pequeno a médio porte e bem musculados. Como descrito acima, ele pertence aos cães da montanha. Contudo, é muito menos conhecido nos tempos modernos do que, por exemplo, o Cão de Montanha Bernês, que goza de grande popularidade. O Entlebucher Sennenhund é a raça mais pequena de entre as quatro raças Sennenhund.
As pernas são relativamente curtas em comparação com o corpo, mas é bastante ágil, destreza e ágil. O padrão prescreve alguns detalhes sobre a cor, textura e padrão do seu casaco. Prescreve-se que ele deve ter o cabelo liso e bem ajustado e que não deve faltar o tricolor. As descrições detalhadas vão até ao ponto de especificar onde as marcas brancas podem estar e onde não estão. No entanto, dificilmente qualquer comprador se referirá a estes critérios e escolherá um criador de acordo com eles, porque a selecção de Entlebucher Mountain Dogs é bastante pequena e não se deve levar estas características "importantes" tão a sério. Muito mais importante é o carácter e o estado de saúde do cão. O Entlebucher Sennenhund tem uma longa cauda, que é normalmente transportada pendurada para baixo. No Appenzeller, no entanto, é transportado pela

parte de trás.

A altura ao garrote de um Entlebucher masculino é entre 44 cm e 52 cm. As cadelas têm uma altura de 42 cm a 50 cm. O peso corporal estabelece-se em 20 kg a 30 kg. Como os cães de montanha Entlebucher são sobretudo afectados pela consanguinidade e por uma criação orientada para a cor do pêlo, a esperança de vida diminuiu consideravelmente, infelizmente. A esperança de vida é de oito anos. Em alguns casos, os animais podem também viver até doze anos.

Norma FCI: No. 47 - Bernese Mountain Dog
Grupo 2.3 Molossianos - Cães de Montanha e Gado Suíços
Secção 3 Swiss Mountain Dogs

Ilustração 11 Entlebuch Mountain Dog

Traços de carácter de Entlebuch Mountain Dogs

Os Cães da Montanha Entlebuch são animais vivos com muito temperamento, são auto-confiantes e destemidos. Esta raça, tal como o Cão de Montanha Bernês, está fortemente fixada no seu povo e cuidador, bem como no seu lar. Ele ama a sua família acima de tudo e adora brincar com crianças. Ele desconfia de estranhos. A guarda está nos seus genes e ele é muito bom nisso. Se alguma coisa lhe parecer estranha, ele mostrá-la-á ladrando. O Entlebucher é muito activo. Ele procura algo para fazer e exige-o do seu mestre. Devido à sua velocidade e inteligência, ele é predestinado para quase todos os tipos de desporto canino, desde que não seja caça.

Entretanto, é até utilizado como cão de rastreio, cão de resgate e cão de desastre. Mas ele deve absolutamente ter uma tarefa diária, porque se estiver mal treinado ou não for utilizado o suficiente, por vezes começa a reunir a sua família ou as crianças. O que nem sempre é uma vantagem, tendo em conta que o Entlebucher o rodeia o tempo todo. Tal como os outros cães de montanha e de gado, ele tem uma necessidade extrema de construir uma ligação estreita com o seu povo e esta qualidade pode, por sua vez, ser posta em bom uso no treino. O seu cuidador ou família deve ter sempre em mente que ele gosta de trabalhar. Deve sempre ser-lhe dada a oportunidade de viver o seu extraordinário amor pelo trabalho. Então ele provará ser um companheiro leal e sincero.

As famílias à procura de um cão extremamente afectuoso e orientado para as pessoas encontrarão no Entlebuch Mountain Dog um companheiro leal e bondoso. Devido ao seu instinto inato de guarda e natureza protectora, ele é particularmente dedicado às famílias. Ele é desconfiado e desconfiado das pessoas que não conhece. É um tutor de confiança que não pode ser subornado e que pode ser confiado aos seus filhos e à casa. Ainda está nos seus genes tomar decisões independentes e este é também um pré-requisito perfeito para ser usado como cão de resgate.

Quem é adequado como titular?

Tal como os outros cães de montanha, o Entlebucher é o que mais gosta da vida no campo. Ele adora mover-se e desabafar. O cão de pastoreio e de condução original tem uma enorme vontade de se mudar e está melhor com pessoas muito desportivas e famílias activas. As pessoas que gostam de ficar em casa e não fazem muito devem abster-se desta raça. O mesmo se aplica a uma vida na cidade ou num pequeno apartamento. Isto só o entristeceria. Encontrará sempre desafios no trabalho e nos muitos desportos caninos. Uma casa com um grande jardim oferece-lhe o ambiente perfeito. Tal como o Appenzeller Sennenhund, o Entlebucher não tem grandes exigências em matéria de manutenção. O principal é que ele tem muito trabalho e pode fazer exercício diariamente. Como esta raça é muito orientada para a família, a integração na sua família é muito importante para ele. Em matéria de educação, não se deve esperar grandes problemas, pois está muito ansioso por aprender e pode inspirá-lo bem.

O Entlebucher também tem o dom de ser capaz de reconhecer e sentir o respectivo estado de espírito do seu ser humano pela expressão no seu rosto. É um cão muito sensível que deve ser treinado com sentimento. No entanto, também é necessária consistência. O sentido de justiça é claramente reconhecível e ele exige um tratamento justo por parte do seu cuidador.

Um cão de pastoreio e de guarda ainda pode ser um cão de família?

Independentemente do facto de ele ser e será sempre um cão de pastoreio e de guarda, e que para ele a protecção da sua família vem em primeiro lugar e acima de tudo, ele é, no entanto, igualmente bem dotado com o seu ambiente imediato. Mas assim que alguém estranho se aproximar do seu território, ele ladrará alto e relatará a visita. Ao "intruso" ele dará uma indicação compreensível através de um olhar vigilante de que protegerá a sua família em todos os momentos. Contudo, este instinto natural de protecção pode ser bem regulado se a socialização precoce e a formação consistente forem abordadas e seguidas. Desta forma, ele aprenderá como cachorro e cão jovem que nem todos os estranhos querem prejudicar a sua família e que os convidados são bem-vindos.

Mostrar regras quando estão envolvidas crianças.

Assim que tiveres ganho a confiança do inteligente Entlebucher, ele conquistar-te-á com o seu temperamento amoroso e natureza lúdica. Acima de tudo, o Entlebucher ama as crianças mais do que tudo. Quando brincam juntos, ele não só mostra uma grande resistência, mas também a sua incrível paciência com as crianças é convincente. Ele tira muito prazer às crianças. No entanto, é importante que o cão brincalhão com a sua força aprenda desde o início as regras para lidar com as crianças. Afinal de contas, não quer que a sua energia exuberante "derrube" literalmente os pequenos. O mesmo se aplica ao seu sentido pronunciado de pastoreio, que pode ser muito pronunciado em relação às crianças mais fracas. A necessidade de pastoreio não deve, portanto, ficar fora de controlo.

No entanto, como cão de família, o cão de montanha precisa de uma alternativa adequada ao seu trabalho real como cão de pastoreio e de condução. Desportos caninos como o flyball, mantrailing ou agility são muito adequados para ele. Para as famílias que são activas no desporto no seu tempo livre e também têm o tempo e sobretudo o desejo de fazer exercício com o seu cão, o Entlebucher é apenas o companheiro certo.

O cachorrinho - O que ter em atenção.

Os livros especializados aconselham muitas vezes esperar até que o jovem cachorro se tenha instalado após algum tempo. Só com treino de habitação se pode começar imediatamente. Não há como negar que os cachorros têm muitos disparates na cabeça e são bastante divertidos de observar. No entanto, não se deve esquecer que um cachorro também envelhece e que os "maus hábitos" rapidamente se tornam em caprichos irritantes. Quanto mais o cachorro aprender na chamada fase de impressão (da oitava à décima segunda semana), melhor será a sua capacidade de lidar com ele quando crescer.

Claro, cabe-lhe a si decidir o que é permitido e o que não é permitido ao seu fofo cachorro Entlebucher. No entanto, a maioria dos treinadores de cães e peritos em educação têm regras rigorosas, como por exemplo:
- O cachorro não é permitido na cama e no sofá.
- O cachorro não é autorizado a comer até ao seu fim.
- O cachorro nunca vai primeiro.

É importante que mesmo um cachorro necessita de comandos e regras muito claras que deve seguir sem resmungar. Antes de mais nada, os comandos básicos, como aqui, sentar, sentar e calcanhar, são importantes. São importantes porque podem salvar a vida do cão e também outras pessoas e animais não são postos em perigo por um possível mau comportamento. Além disso, deve ser deixado claro ao cachorro logo no início quem é o "chefe" na casa. Mesmo que seja difícil para o cachorro Entlebucher aprender em alguns dias, não se deve exagerar, porque a raça é sensível e pode reagir ao excesso de rigor com comportamento temeroso. Para assegurar que o cachorro Entlebucher aprende as regras o mais cedo possível e também as segue, deve ser e permanecer rigorosamente coerente. Mesmo os Entlebuchers inteligentes não compreendem excepções.

O que todos os cachorros gostam de fazer: Morder a mão. A primeira coisa a fazer é livrar-se deste hábito. Um cachorro Entlebucher tornar-se-á um cão forte, mas não um cão de combate perigoso. No entanto, como adulto será capaz de morder com enorme força. Por conseguinte, este mau hábito deve ser desencorajado em tenra idade. No treino, isto é feito parando imediatamente o jogo assim que ele começa a morder. O cachorro é castigado por se afastar dele, já não lhe prestar atenção e por estar ocupado noutro lugar.

Se os "ataques de mordedura" continuarem a ocorrer, é essencial proceder da mesma forma que anteriormente. Se o Entlebucher parar de morder durante as próximas sessões de jogo, deve ser elogiado imediatamente. Eles são muito espertos e reconhecem imediatamente as correlações.

Outra coisa que o jovem cãozinho deve aprender é que sabe onde fica o seu lugar. Uma família deve chegar a acordo sobre onde o cachorro e mais tarde o cão adulto conseguem o seu próprio canto. O local não deve ser mudado porque o cão vai habituar-se a ele. Para que o cão se sinta realmente confortável e aceite o novo lugar, é necessária uma certa consistência. É importante que o lugar não seja numa sala barulhenta e movimentada, como por exemplo a sala de estar. Um cão também deve ser capaz de se retirar quando sentir necessidade de o fazer. Se ele for para o seu lugar, tem de aceitar isso e deixá-lo em paz.

O local pode ser equipado com um cesto, um tapete grosso ou um sofá de cão. O principal é que é suave. Uma vez que os cães de montanha Entlebucher são muito ligados aos seus humanos, faz sentido não colocar o "lugar do cão" no canto mais longínquo da casa. Desde o início, tem de deixar claro ao cachorro que ele não pode entrar no sofá ou na poltrona sem que lhe seja pedido. A mesa de jantar é um "não" absoluto! Em circunstância alguma devem os cães receber restos de comida ou bocados de prova da mesa de jantar. Os pratos preparados para humanos não são destinados a cães. São demasiado picantes ou demasiado salgadas. Os animais não podem tolerar isto. Se o dono do cão tiver treinado bem o seu cão, ele não se sentará à mesa e suplicará. No entanto, se a sua mendicidade for bem sucedida e o Entlebucher receber um mimo da mesa de vez em quando, sem dúvida que continuará a fazê-lo. O bem-comportado Entlebucher pode, no máximo, deitar-se perto da mesa de jantar. É claro que deveria ter comido antes, de modo a permanecer no seu lugar sem qualquer problema.

Os seguintes princípios básicos devem ser observados no treino de cães:

Louvor

Sempre que o cão mostra um comportamento desejado, deve ser elogiado efusivamente. Seja por um mimo, um brinquedo ou palavras verbais, tais como Prima.

Ignorar

Se o cão mostrar um comportamento indesejável, este deve ser ignorado. Só se deve elogiá-lo novamente quando o seu comportamento tiver mudado. Mas não é assim tão fácil manter a ignorância, porque não se deve olhar para ele ou repreendê-lo. Deve dar a volta e afastar-se sem palavras. Pode ser de partir o coração.

Em certas circunstâncias, uma medida de treino pode mesmo levar algumas semanas até que o seu cão mostre finalmente o comportamento desejado. Nunca é demais dizê-lo, mas a consistência e a paciência devem ser aqui os seus pontos fortes. Se der uma ordem ao seu cachorro/cachorro jovem, ele deve obedecê-la sem "ses e mas". Pode acontecer que coloque o pequeno malandro no seu cobertor 20 vezes e diga "Sente-se" até que ele compreenda. Então talvez ele compreenda 21 vezes. É fatal se se desistir em aborrecimento. Para o cachorro, isto significa que ele só tem de esperar o tempo suficiente para chegar ao destino desejado sem obediência. Outra coisa que o jovem Entlebucher deve aprender é que você é o "líder da matilha". Tem de aceitar que pode e pode tirar-lhe um osso ou brinquedo em qualquer altura. No treino de cães, a liderança sem coerção e regras não é possível. O membro da família com quatro pernas também deve aprender isto. Afirme-se, mesmo que um "não" rigoroso seja necessário em algumas situações. Mas, por favor, internalizem: Mesmo que o treino por vezes demore mais tempo, um cachorro ou cão jovem nunca deve ser atingido ou gritado! Se estiveres com raiva, vira-te e deixa o cão em paz. A violência muda o comportamento do cão, torna-o medroso, agressivo ou mesmo mordedor de medo, e isto pode ter consequências graves. De qualquer modo, perderá a confiança do cão.

Não desanime se o pequeno Entlebucher não largar os sapatos caros apesar de um "não" severo: Agarrem-no por cima do focinho e olhem para ele. No mundo animal, este é um gesto ameaçador que também é usado pelas mães caninas para controlar os seus cachorros atrevidos e tem um efeito!

Se ainda se sentir sobrecarregado em algumas coisas, é aconselhável obter ajuda externa, por exemplo, pode visitar uma escola de cães ou pedir a um treinador que venha a sua casa. Desta forma, obtém apoio profissional e não tem de se preocupar em fazer algo fundamentalmente errado na educação.

Deixar o cachorro Entlebucher em paz.

Os animais jovens são sempre giros e gostaria de os ter consigo em todo o lado. No entanto, haverá alturas em que o jovem cão terá de ficar em casa sozinho.
Comece a ensinar-lhe isto muito cedo, quanto mais fácil será para ele mais tarde. A melhor altura para iniciar um exercício deste tipo é quando o cachorro está cansado, por exemplo, depois de andar a passear ou quando já comeu.

Normalmente os animais sentem então a necessidade de se retirarem. Durante esse momento, sair de casa por um momento sem se dirigir ao cachorro. Se ouvir o rapazinho começar a uivar lá dentro, interrompa isto dizendo "off ou fie" em voz alta. Quando regressar a casa e o pequeno tiver esperado bem, deve elogiá-lo prodigiosamente. Com o tempo, pode aumentar o tempo entre "sair" e voltar.

É evidente que, especialmente quando o novo cachorro se mudou, não deve ser deixado sozinho durante os primeiros meses. Mas uma vez que se tenha instalado bem consigo, pode começar a praticar estar sozinho. Pode distrair o seu cachorro com um pequeno truque: dar-lhe um osso de mastigar ou o seu brinquedo favorito. Os cachorros habituam-se normalmente a novos comportamentos rapidamente. Uma vez que o cachorro tenha aceite que o seu cuidador deixou a sala, o próximo passo importante pode ser dado e o cachorro sai de casa. Escusado será dizer que agora não se faz uma caminhada de 5 km e espera-se fora de casa. Se notar que ele começa a uivar ou a arranhar à porta, volte para dentro e diga "off/fie". Mas ele ainda não está pronto para tal formação. Por outro lado, deve evitar certos rituais, tais como: "Seja simpático, vou só às compras, volto já". Isto perturba o jovem cão e ele ficaria nervoso. Em vez disso, ele deve permanecer calmo e compreender que não há razão para estar excitado.

A socialização do cachorro Entlebucher

Para que os humanos e os cães possam viver juntos harmoniosamente, a socialização do cão é um pré-requisito importante. A natureza organizou-o de tal forma que um cão não se fixa nos humanos desde o início. Em vez disso, são os estranhos que o cachorro deve conhecer primeiro. Estas pequenas criaturinhas têm de aprender a aceitar um humano como seu cuidador. No entanto, a socialização também significa que os cães enfrentam outras pessoas da sua própria espécie de forma calma e que é feita uma aparência confiante. Por conseguinte, é importante deixar o jovem cachorro brincar com outros cachorros. Os humanos e os cães têm muito em comum quando se trata de linguagem corporal: podem expressar alegria, tristeza e raiva através das suas expressões faciais.

No entanto, há também sinais que têm uma validade diferente com cães do que com humanos. **Aqui está um exemplo: quando** as pessoas olham nos olhos uns dos outros, é um acto de cortesia. No entanto, se os cães se olharem intensamente uns aos outros, é uma provocação. Os pequenos também têm de aprender isto: se os olharmos nos olhos, não deve ser interpretado como uma provocação para eles.
Os cachorros só aprendem a forma correcta de interagir com outros cães entrando em contacto com raças diferentes, se possível. Para a socialização, uma escola de cachorros é basicamente perfeita. As diferentes fases de desenvolvimento do cão são importantes na socialização. Afinal, um dono deve saber o que pode esperar do seu cão e em que fase.

A 4ª a 16ª semana é a fase de impressão.

É a fase mais sensível da maturação de um cachorro. Durante este tempo, o cérebro e a psique estão a desenvolver-se. Durante esta fase de desenvolvimento, os cachorros estão muito abertos a tudo o que é novo. Também desempenha um grande papel que o cachorro teve as suas primeiras experiências com o seu criador. Se vier à sua nova família na oitava ou nona semana, é também necessário que ganhe mais boas experiências e que aprenda que não lhe vão acontecer coisas más. Durante a fase de desenvolvimento, o cachorro deve conhecer o maior número possível de coisas diferentes, tais como sons do aspirador, dos carros, das ferramentas às impressões do ambiente e de outros animais. O cuidado e o "exame" dos olhos, ouvidos e patas também fazem parte do processo. Desta forma ele pode habituar-se e a primeira visita ao veterinário não será assim tão má.

Para além das novas impressões e experiências que o cachorro faz agora, é também importante que aprenda a não morder. Os cachorros brincam uns com os outros de forma bastante impetuosa e mordem e mordem por todo o seu valor. Se o seu cachorro lhe fizer o mesmo, grita brevemente, empurra-o suavemente para o lado e simplesmente afasta-se. O cachorro vê esta interrupção do jogo como um castigo e aprenderá rapidamente que a mordedura tem consequências desagradáveis. Se, por outro lado, rir e achar graça, ele sente-se confirmado nas suas acções e só morderá mais vezes e com mais força.

A puberdade / a fase de falhanço

Há uma segunda fase, muito sensível, pela qual passa um cão jovem: A puberdade ou a fase de descamação. Mas o dono do cão tem de passar por isto. É semelhante aos adolescentes. Nesta fase, o cão terá esquecido tudo o que lhe ensinou. Ele desvanece-se. Está mais interessado em medir a sua força e testar os limites neste momento. Mas isso não é razão para que desista! Na puberdade, o seu cão precisa ainda mais de apoio e de uma pessoa para quem se possa orientar.

Isto inclui também que insista sem excepção que ele siga as suas ordens, mesmo que tenha de ter uma mão mais rígida do que o habitual. Lembre-se sempre: este tempo também deve passar.

Em todas as fases de desenvolvimento, é importante e necessário que o cão tenha uma pessoa respeitada ao seu lado. Ele deve poder confiar em si, o que fará se tiver em consideração alguns pontos:
- Conheça as necessidades do seu cão e comprometa-se com elas.
- Manter uma visão geral em cada situação e protegê-la do perigo.
- Devem irradiar calma e serenidade.
- Fazendo coisas em conjunto com o seu cão.
- Não sobrecarregue o seu cão.
- apoia-o quando ele está inseguro.

Primeiras caminhadas

Assim que notar que o pequeno Entlebucher se sente confortável, que confia em si e se sente seguro, então pode atrever-se a dar a sua primeira caminhada. Antes de mais, o cachorro tem de se habituar a uma coleira. Na melhor das hipóteses, o criador já o praticou com ele e pode ser recolhido do criador juntamente com a coleira. Existem, naturalmente, muitos tipos diferentes de colares. Um fino feito de nylon é tão leve que o pequeno pântano não o nota ou não se importa muito com ele. Com a trela fina certa, pode agora praticar a trela. Elogie-o quando ele se comporta bem. Se ele tiver medo, ajude-o dando-lhe um mimo e uma palavra de encorajamento. Os primeiros "passeios experimentais" na casa ou jardim irão habituá-lo rapidamente ao novo arnês. Após alguns dias, quando o cachorro se tiver tornado mais confiante no manuseamento do arnês e não prestar atenção à coleira ou à trela, pode atrever-se a sair para uma curta caminhada. Só deve certificar-se de que se trata de um ambiente relativamente calmo em que se movimenta, porque demasiados estímulos externos ao mesmo tempo não são bons para o pequeno.

A maioria dos livros de conselhos para cães ou outra literatura especializada dizem que uma trela é supérflua durante este tempo e que a Mãe Natureza arranjou-a de modo a que um cachorro fique sempre perto da sua mãe. Mas e se o seu cão estiver assustado com um barulho que ainda não sabe e fugir? Então é melhor deixar a trela sobre si até estar realmente cem por cento certo de que ele construiu confiança suficiente.

Para fins de formação, pode também comprar uma linha de arrastamento, que pode comprar em qualquer loja de animais de estimação. No início, é aconselhável sair com o cachorro várias vezes ao dia durante alguns minutos. Gradualmente, a duração do passeio pode ser aumentada, dependendo de quanto tempo o cachorro pode durar. Após uma caminhada, dar-lhe tempo para recuperar e processar as impressões que recolheu.

Acrescentar um pouco de pizzazz ao passeio

É excitante para cães (jovens) quando um passeio é variado e interessante. As possibilidades de desenho são variadas, porque pode sempre tomar caminhos diferentes ou esconder guloseimas na floresta que depois pode procurar. Se o cão for mais velho, ele pode saltar sobre troncos de árvores ou colinas e correr. O seu cão precisa de pequenas pausas no meio para poder recuperar um pouco, pois os jogos e exercícios de busca são cansativos e exigem a sua concentração.

Ensino de treino de habitação

O treino em casa é um tópico muito importante e muito lido no treino de cães. Graças a Deus, os cães pertencem às espécies que efectivamente mantêm o seu próprio ambiente limpo por si próprias e se tornam treinados por si próprios. No entanto, ele tem de aprender na sua nova casa, onde lhe é permitido aliviar-se e onde não pode. É importante que fique de olho nele durante estas semanas e, assim que notar quaisquer sinais, apanhe-o e leve-o para o jardim. Haverá certamente alguma "desgraça" na casa, mas o pequeno não deve ser castigado por isso. Há cachorros mais espertos que sabem após pouco tempo o que se quer deles e outros precisam de mais alguns dias antes de saberem que devem avisá-lo quando precisam de fugir. Com cachorros é por vezes como com crianças: simplesmente esquecem-se de que têm de "ir a algum lado". Por isso pode acontecer que se sentem e se aliviem durante o jogo ou depois de um passeio do qual acabaram de chegar a casa. Mas isto é completamente normal e nada com que se deva preocupar.

Cada cachorro desenvolve os seus próprios hábitos quando se trata de se aliviar a si próprio, mas descobre-se isso muito rapidamente. Na maioria dos casos, os pequenos giram em círculos ou farejam o tapete intensivamente, o mais tardar, então deve pegar no seu cachorro e levá-lo para fora. Se depois se aliviou no jardim, é elogiado e, mais uma vez, liga o seu comportamento a um acontecimento positivo.

O que procurar na parentalidade.

Basicamente, os cães não conseguem compreender a linguagem. O que eles podem fazer é associar palavras repetitivas a comandos específicos, por exemplo: "Sente-se, Sente-se, Aqui, Fique".

Para ilustrar um exemplo: está diante do seu cão e diz-lhe com uma voz amável e amiga o que ele acabou de fazer de errado. A sua reacção: Ele ficará feliz e abanará a cauda. Isto é para ilustrar que um cão só compreende o tom de voz, mas não as palavras pronunciadas. É o mesmo para os humanos, que não podem compreender nada da variedade da comunicação entre cães. Os cães articulam-se através da sua linguagem corporal. É muito impressionante que possam expressar até quarenta vezes mais através das suas expressões faciais do que os humanos. Se observar os cães, poderá ver as muitas formas como eles "falam" uns com os outros.

Ao treinar cachorros, a regra geral é que nunca se deve agarrá-los pelo pescoço e sacudi-los como castigo. Na natureza, uma cadela mãe nunca o fará. Medicamente, ao tremer, o cérebro atinge os ossos do crânio e, dependendo da gravidade do tremor, resultarão concussões ou lesões piores. No entanto, é importante perceber que o doce cachorro Entlebucher também se tornará um dia um tipo forte e já não tem graça se saltar para estranhos, se fizer barulho na cozinha ou se declarar o sofá como seu território e já não tolerar ninguém ao seu lado. Qualquer comportamento indesejável deve ser cortado na gema e parado com um sério "não/desactivado", mesmo na idade mais jovem. Só se deve evitar que o cachorro seja gritado desnecessariamente. Os melhores resultados de treino são alcançados dando um reforço positivo ao cachorro ou cão jovem.

Ensinar os comandos básicos.

Há dois comandos básicos que cada cão deve dominar. O primeiro comando é "aqui/cem aqui" e o segundo comando importante é "sit/down", que também deve funcionar à distância. Ambos são comandos que podem salvar a vida de um cão.

A situação seguinte descreve a necessidade: Está a caminhar numa área espaçosa e o seu cão está a correr 20 a 30 metros à frente. De repente, um veículo agrícola sai de um caminho lateral. Tem duas opções: Primeiro, chamar o cão para si (Aqui) ou mandá-lo "Sentar" e não se mover do local. O cão deve obedecer a ambas as ordens imediatamente e não pode voltar a mover-se até que o permita. Notará como é importante ensinar ao seu jovem cão os comandos básicos o mais cedo possível.

Mas como se ensina ao cão os comandos básicos?
Em princípio, todos os comandos devem primeiro ser praticados com sinais visuais. Uma vez que o jovem Entlebucher tenha interiorizado o sinal visual, a palavra falada para o comando é acrescentada.

O comando "Aqui

Se o cachorro estiver numa sala, agacha-se e espera. Normalmente não demora muito até que os cachorros venham a correr até si. Uma vez lá, é elogiado. Seja com palavras amáveis ou com guloseimas e carícias. Mas se ele não se importa se espera ou não, tem de se tornar interessante, por exemplo, assobiando suavemente ou batendo palmas. Então, o cachorro virá, o mais tardar, porque ele é simplesmente demasiado curioso. Mesmo enquanto ele se dirige para si, deve usar a palavra "aqui". Desta forma, aprende que uma surpresa positiva o espera quando ele chega. Contudo, este exercício necessita de algumas repetições até que possa finalmente praticar com o seu pequeno lá fora. No início é importante trabalhar com uma trela comprida para garantir que o cachorro não volte atrás e se afaste. Mais uma vez, entra-se no agachamento e diz-se o comando "Aqui". Também na natureza, certifique-se de que há o mínimo possível de distracções para o Entlebucher durante as primeiras sessões de treino. Este comando é praticado até que o Entlebucher também chegue até si sem trela. Por favor, tenha cuidado e tenha em conta que o jovem cachorro não está sobrecarregado. Nesta idade, os exercícios ainda são muito extenuantes para ele.

O comando "Sit

O comando "Sentar" é algo que cada cachorro fará por si próprio passado algum tempo. De facto, já aprendem a "sentar-se" com a mãe, porque quando os cachorros têm 4-5 semanas de idade, a mãe alimenta os seus filhotes enquanto estão de pé. Mas os cachorros já atingiram agora um tamanho onde só se podem sentar para chegar às tetas. Se segurar uma guloseima à frente do nariz do seu cachorro e o segurar directamente acima do seu nariz, ele sentar-se-á automaticamente.

Assim que ele toca no chão com a sua extremidade traseira, diz "Senta-te" e elogia-o efusivamente. Funciona de forma semelhante com o comando "Sit".

O comando "Sit"

Também aqui se trabalha com um sinal de visão. Pega na guloseima no plano da sua mão e mostra-a ao cachorro que está em pé ou sentado à sua frente. Agora coloca a guloseima no chão em frente do seu cachorro, mas ainda assim segure a sua mão sobre ele. O cachorro esperto tentará apanhá-lo e, após um curto período de tempo, deitar-se-á no chão. Assim que o seu corpo toca no chão, liberta o prazer e elogia-o. Após alguns exercícios, pode deixar de fora a guloseima e o cachorro deitar-se-á no chão assim que vir a mão plana. De acordo com a experiência dos especialistas, um cachorro necessita normalmente de cerca de quarenta a cinquenta repetições em diferentes situações até ter internalizado um comando. Mas claro que também há excepções que compreendem mais rapidamente o que se quer que eles façam. Só quando estiver realmente seguro de que o cão compreende o que quer que ele faça, pode exigir que ele execute o comando correctamente. Ao ensaiar os comandos, é importante que se aborde o assunto com perseverança e diversão. Só então o cachorro terá todo o prazer em segui-lo. Palavras barulhentas e punições são inadequadas neste momento, porque o pequenote não vai entender porque está zangado com ele.

O cão adulto - Quais são as características especiais desta raça?

O Entlebuch Mountain Dog é um companheiro fiel.
Os cães de montanha Entlebucher são sempre companheiros leais e absolutamente fiáveis para as suas famílias. Nunca lhes causariam "danos", além disso são inteligentes, aprendem rapidamente e não são difíceis de treinar. O Entlebucher fica satisfeito quando pode fazer tarefas e quer agradar à sua família. Em contraste com os Appenzellers, os Entlebuchers não são tão animados e ansiosos por se moverem. São também activos no desporto, mas também podem viver com exercício moderado.

Em geral, esta raça não é muito complicada e é também adequada para os amantes de cães que não têm tanta experiência em lidar com cães. Apenas o seu "latido de alegria" deve estar sob controlo desde o início. O Entlebucher ainda tem o seu comportamento de condução nos seus genes e isto também resulta na peculiaridade que alguns Entlebuchers mordiscam os calcanhares dos seus humanos de tempos a tempos enquanto caminham. Tal como fariam com o gado bovino ou ovino. Mas ele não significa qualquer mal.

Ao contrário do seu tamanho relativamente pequeno, o Mountain Dog é muito resistente e enérgico, o que o torna um cão perfeito para famílias desportivas com crianças. Como antigos cães de pastoreio, são muito protectores dos seus humanos e para com estranhos são inicialmente reservados, mas podem por vezes tornar-se agressivos. É por isso que é tão importante que os Entlebuchers conheçam outras pessoas e animais quando ainda são cachorrinhos. Antes de comprar, é importante lembrar que um Entlebuch Mountain Dog nem sempre é adequado. Afinal, ele precisa de exercício durante várias horas por dia. Uma das suas características é que podem ser muito persistentes e assim o treino pode tornar-se um verdadeiro desafio. São animais extremamente inteligentes que se aborrecem facilmente e, se estiverem desequilibrados, avisam-no, tornando-se "cabra". Os cães de montanha Entlebucher são muito atentos e não têm medo de nada. Devido ao seu excelente sentido de olfacto e à sua tenacidade, são frequentemente utilizados como cães de rastreio.

Nutrição, saúde e cuidados

A camada curta e densa do Entlebucher não requer um extenso aliciamento. É suficiente se for escovado duas vezes por semana. Quando o casaco é mudado, deve ser escovado com mais frequência, claro, mas o Entlebucher adora isto. Devido ao seu casaco denso, está protegido do vento e do tempo e a chuva não o incomoda muito. O Entlebucher só deve ser lavado quando for absolutamente necessário e depois só com um champô especial para cães. A preparação inclui também a verificação dos olhos, ouvidos e patas a intervalos regulares. Especialmente os olhos precisam de atenção especial, uma vez que as cataratas ou glaucoma são comuns nesta raça. Infelizmente, estas doenças são hereditárias e só se pode ajudar o seu cão de forma limitada. Mais sobre estas doenças no próximo capítulo.

Os entlebuchers que têm uma "falha cosmética" na coloração do seu pêlo são geralmente animais mais saudáveis, com menos doenças hereditárias na sua bagagem e, portanto, a melhor escolha. Estes cães crescem frequentemente mais velhos do que os cães "de raça pura". No entanto, tem a opção de mandar testar o seu cachorro para detectar doenças genéticas no veterinário. Uma boa oportunidade para verificar a presença de parasitas e outros vermes no seu animal de estimação é ter os olhos, ouvidos e dentes verificados. O casaco está baço e há mais caspa no casaco? As gengivas estão descoloridas ou os olhos enevoados? Estes podem ser os primeiros sinais de uma doença. É então urgentemente necessária uma consulta com o veterinário, que descobrirá o que está por detrás dos sintomas através de exames apropriados.

Nutrição do cão de montanha Entlebuch

Para além de uma boa disposição genética, bons cuidados por parte do proprietário incluindo exames e vacinas de rotina, uma dieta saudável e equilibrada também desempenha naturalmente um papel na vida do Entlebucher. Também influencia a forma como o organismo do cão se desenvolve a partir da idade de cachorro. O alimento para o Entlebucher desempenha um papel importante, pois é um dos factores que determina o quão saudável é e permanece o cão. É importante garantir que todos os nutrientes, minerais e vitaminas importantes estejam presentes nos alimentos, uma vez que todos eles trabalham em conjunto para assegurar um pêlo brilhante, um bom crescimento e um sistema imunitário saudável. Basicamente, os alimentos de alta qualidade são sempre melhores, mesmo que custe mais do que marcas alimentares desconhecidas. Em troca, pode ter a certeza de que nenhum desperdício de matadouro ou aromatizantes artificiais são misturados nos alimentos.

A maioria dos cães tem problemas digestivos quando recebem restos de comida humana. O teor de gordura é normalmente demasiado elevado e, além disso, a comida humana ainda está bem temperada. Os Entlebuchers só devem ser alimentados com comida de cão. Por uma questão de princípio, o chocolate, os alhos franceses e as cebolas devem ser evitados, uma vez que as toxinas que contêm podem causar grandes danos ao cão. Mesmo os ossos, se forem dados, só devem ser dados muito raramente, uma vez que podem fragmentar-se e ferir órgãos internos. Aqui, contudo, tem uma grande selecção de ossos mastigadores ou outros petiscos.

Um dono deve certificar-se de que o seu cão não engorda em excesso. Se aos jovens Entlebuchers são dadas demasiadas calorias que não podem queimar, ganham rapidamente peso. Os demasiados quilos danificam muito mal os ossos e as articulações e o desgaste prematuro destes é pré-programado.

Como resultado, desenvolver-se-á artrose e artrite. No entanto, como os Entlebuchers, pela sua natureza, gostam de se movimentar muito, é mais fácil para esta raça evitar o excesso de peso.
Para que o Entlebucher tenha uma vida tão longa e feliz quanto possível, uma dieta equilibrada e adequada à espécie é fundamentalmente muito importante. Se o Entlebucher for alimentado demasiado unilateralmente ou demasiado pouco saudável, as doenças podem desenvolver-se muito rapidamente, tais como problemas de peso (excesso ou falta de peso), sintomas de deficiência, problemas gastrointestinais ou alergias. Infelizmente, demasiados Entlebuchers ainda recebem a mesma comida todos os dias sem terem qualquer variedade na sua tigela de comida. Os Entlebuchers não só se aborrecem, como a sua saúde também sofre.

Todos os cães têm o lobo como seu antepassado. Como carnívoro, a dieta deve consistir principalmente em carne. Os alimentos devem consistir em carne de alta qualidade e a produção deve ser tão rastreável quanto possível. Para a variedade, deve ser sempre adicionada uma pequena porção de vegetais ou fruta. Se cozinhar os alimentos por si próprio, tem de facto uma melhor visão geral da qualidade, origem e composição dos ingredientes alimentares. Se o cozinhar você mesmo, investe tempo e precisa de um conhecimento básico de nutrição canina, porque alguns ingredientes também podem ser tóxicos para o seu amigo de quatro patas. No entanto, se estiver demasiado inseguro quanto a fazer a sua própria comida, deve optar por comida pronta para cão. Os alimentos húmidos e secos no mercado contêm agora bons ingredientes e vitaminas e nutrientes suficientes. Contudo, há sempre "ovelhas negras" entre os fabricantes. Por conseguinte, vale a pena dar uma vista de olhos aos ingredientes listados, porque os intensificadores artificiais de sabor não devem estar nos alimentos e são uma indicação de alimentos de má qualidade.

Doenças típicas

A raça Entlebuch Mountain Dog é muito rara, o que faz do cão uma especialidade. Infelizmente, a pequena população da espécie também traz problemas. Devido ao pequeno pool genético, as doenças hereditárias também são repetidamente transmitidas à geração seguinte. Portanto, os Entlebuchers também têm tendência para desenvolver displasia da anca e do cotovelo. O combate a estas doenças hereditárias é uma das principais tarefas da associação de criadores. Com base em novos resultados da investigação científica e no acasalamento direccionado de dois cães, as doenças hereditárias podem ser positivamente influenciadas.

A baixa população e o consequente baixo número de cães reprodutores têm também um efeito sobre o estado de saúde da raça. Nas chamadas "raças de risco", o foco não está na saúde, mas mais na aparência externa. Se a variância genética estiver ausente como base, isto, por sua vez, leva ao aumento de doenças hereditárias.

Os danos nas articulações não podem ocorrer apenas na velhice ou devido ao rápido crescimento dos ossos. Há também danos nas articulações que são congénitos, tais como displasia da anca ou displasia do cotovelo. Sabe-se que as raças de cães de grande porte sofrem mais frequentemente de problemas articulares do que as raças mais pequenas. Por exemplo, se a cartilagem nas articulações se desgasta mais rapidamente do que pode ser restaurada pelo organismo, ocorre um inchaço das articulações, que causa dor ao cão e este já não se mexe como antes.

Normalmente, os problemas de articulação tornam-se perceptíveis quando o animal já não quer correr, brincar ou mesmo subir escadas. Se ele se levantar depois de um descanso mais longo, isto acontecerá provavelmente com um gemido, com o qual ele exprime que está a sofrer. Se as articulações também estiverem quentes e inchadas, é mais que tempo de ver um veterinário. As alterações permanentes nas articulações não podem ser curadas, mas apenas os analgésicos podem trazer alívio ao cão. Os criadores de cães de montanha Reputáveis de Entlebucher são particularmente cuidadosos em reproduzir esta doença hereditária.

Com cachorros, deve ter-se especial cuidado para que não subam escadas durante os seus primeiros meses de vida. Os pequenos devem ser transportados, pois as articulações dos ombros são colocadas sob grande tensão pelos movimentos de longo alcance. O mesmo se aplica a descer escadas, porque depois o peso do corpo está nas pernas da frente.

Uma breve visão geral das doenças:

Doenças oculares
As expressões faciais são muito importantes para os cães porque comunicam através delas. Se o cão tem doenças oculares ou é cego, isto é uma enorme restrição para ele, uma vez que falta um "meio de comunicação".

Por conseguinte, os donos de cães devem mandar examinar regularmente os seus animais para detectar doenças oculares, a fim de detectar quaisquer problemas precocemente e mandar tratá-los. As doenças oculares podem ter causas diferentes:
- Quando os olhos estão constantemente irritados com a fricção do cabelo sobre a córnea.
- Lentilhas nubladas

- Aumento da pressão intra-ocular
- Alterações na retina

A atrofia progressiva da retina (PRA) é uma doença ocular que progride muito lentamente e leva sempre à cegueira total do animal na fase final. Em Entlebuch Mountain Dogs é também uma doença hereditária. Durante a doença, os fotorreceptores na retina morrem. A cegueira nocturna desenvolve-se e o Entlebucher tem problemas de adaptação às condições visuais ao anoitecer e ao amanhecer. À medida que a doença progride, os sintomas também aumentam durante o dia e o Entlebucher torna-se instável dentro das suas próprias quatro paredes e em terreno familiar. Além disso, a lente torna-se turva (catarata). Em alguns casos, a atrofia progressiva da retina é também reconhecida demasiado tarde.

Até agora, não existem medicamentos na medicina veterinária para curar a doença. Existem apenas métodos de tratamento isolados, mas estes ainda precisam de ser pesquisados com mais detalhe. Contudo, é possível submeter o seu cão a um teste genético para determinar se a atrofia progressiva da retina está presente.

Catarata

Todos estão familiarizados com as "cataratas". Nesta doença, a lente do olho está turvada e parece cinzenta. O cão perde gradualmente a sua visão e em casos particularmente graves pode até ficar cego.

Não é necessariamente que as cataratas sejam genéticas. Quanto mais velho for um cão, mais provável será que a culpa seja do seu desgaste. Os cães mais velhos podem, portanto, sofrer de turvação ocular de uma forma muito natural. Mas as lesões ou doenças, como a diabetes, também podem ser responsáveis pela doença ocular. No entanto, a catarata juvenil é frequentemente determinada geneticamente e já pode ocorrer em cachorros com a tenra idade de oito semanas. A fim de manter a visão a um certo nível ou de a melhorar um pouco, as operações podem ajudar.

No entanto, isto depende fortemente da fase da catarata e até que ponto a lente já está turvada. Se outras doenças subjacentes forem responsáveis pela catarata, a causa é primeiro investigada e, no melhor dos casos, tratada com medicação.

Displasia da anca
A displasia é uma perturbação do desenvolvimento dos ossos que ocorre frequentemente em cães grandes. No entanto, a medida em que a displasia da anca se desenvolve num cão nem sempre pode ser imputada à predisposição genética. Se as causas genéticas da doença foram descartadas, existem outros factores que podem ser responsáveis, tais como uma dieta inadequada ou trabalho físico.

Os cães que têm displasia da anca têm o problema de a tomada ser demasiado rasa para segurar correctamente a cabeça do fémur na tomada. Como resultado, a articulação da anca tem demasiado espaço para se mover e perde estabilidade ao longo do tempo. Isto resulta numa carga incorrecta, que por sua vez é responsável pela degeneração da cartilagem articular. A capsulite ou depósitos ósseos podem resultar disto e, por último mas não menos importante, causar artrose.

Se a doença estiver muito avançada, a musculatura irá deteriorar-se visivelmente e o cão terá de lidar com grandes deficiências na vida quotidiana. Para determinar se um cão tem HD, o veterinário pode fazer um raio-x ao cão. Para tal, o animal é anestesiado e as patas são esticadas para as posições apropriadas.

Onde se pode usar o Entlebuch Mountain Dog?

Os cães de salvamento também podem tornar-se verdadeiros heróis, como os cães de salvamento que foram bem sucedidos na sua busca muitas vezes provam. Uma vez que o Entlebuch Mountain Dog pode ser muito bem treinado, está praticamente predestinado a trabalhar como cão de resgate. Encontram o seu caminho em terreno acidentado, trabalham com concentração e mesmo em situações difíceis têm o seu juízo para mostrar ao seu manipulador para onde ir. Cães de salvamento bem treinados são capazes de feitos espantosos quando se trata de encontrar pessoas enterradas.

Onde são utilizados cães de resgate.

Houve também alturas em que nem todos os cães gostavam de ser vistos como um cão de resgate. Mas com o tempo isto mudou e já não precisa de ser convencido a ser treinado e autorizado a juntar-se a uma equipa canina.

Especialmente em terrenos muito difíceis e situações perigosas, os cães de resgate são hoje utilizados com prazer. As áreas em que os cães de resgate trabalham são muito diversas. Entretanto, os cães não são apenas utilizados para buscas de avalanches ou escombros. São também indispensáveis para a manutenção e procura de pessoas debaixo de água. Devido à sua elevada taxa de sucesso no seu trabalho, a procura de cães de salvamento é enorme. Todos os anos, cerca de 100.000 pessoas em perigo são resgatadas de uma situação perigosa por cães de resgate, e isso só na Alemanha!

Mantrailing para o Entlebucher

O Mantrailing trata da localização de pessoas desaparecidas numa extensa área. Os cães de área e escombros são treinados para detectar odores humanos geralmente em áreas de escombros ou arborizadas. O mantrailer, por outro lado, é capaz de captar e seguir o seu próprio cheiro, bem como um cheiro individual de uma pessoa desaparecida. O manipulador segura um saco de objectos perfumados debaixo do nariz do cão ou pedaços de roupa com o próprio cheiro da pessoa procurada. Isto permite que o cão siga o rasto individual do cheiro.
A manutenção é uma tarefa altamente exigente, uma vez que a procura

de uma pista específica ao longo de distâncias por vezes longas exige muito do cão e do condutor. Devido a isto, não há muitos cães e manipuladores que assumam o mantrailing. Em todas as áreas de operação, os cães devem estar sob supervisão constante e bem cuidados e cuidados. Isto significa que tem de lhe ser fornecida água suficiente e alimentos de alta qualidade para se fortalecer. Além disso, o cão precisa de tempo para recuperar. Tais missões podem ser muito cansativas para o cão.

Agilidade

O equipamento de agilidade é instalado num grande número de parques para cães, atraindo muitos adeptos de desportos caninos. Em princípio, a agilidade é adequada para todos, independentemente de se ser jovem ou um pouco mais velho. O desporto de agilidade é também, na sua maioria, adequado para cães pequenos ou grandes. Os Entlebuchers são inteligentes, têm uma percepção rápida, são motivados e são também muito ágeis. Este desporto é uma boa alternativa para servir como cão de guarda e protecção.

Uma pista de obstáculos de agilidade é composta por 12 a 20 obstáculos que devem ser completados na ordem correcta. O percurso é montado numa área de pelo menos 20 x 40 metros.

O comprimento do percurso situa-se entre 100 e 200 metros. Dentro de um determinado tempo, o cão tem de ultrapassar o percurso sem trela, coleira ou outra ajuda do seu dono. Uma tarefa por vezes difícil quando se participa em torneios.

Para além do exercício físico e mental, por exemplo através de jogos ou desporto, o Entlebucher precisa de uma tarefa significativa que corresponda à sua disposição. Isto pode ser por um lado através de tarefas diárias numa quinta, por outro lado através de desportos como a agilidade, a obediência ou o flyball. Têm particular prazer em trabalhar como cães de rastreio e avalanche, cães de pastoreio ou de condução, ou passam por um treino para se tornarem cães de salvamento. Todas estas são "profissões" que o Entlebucher adora fazer e prospera.

Factos interessantes sobre o Cão de Montanha Entlebuch

Os cães de montanha Entlebucher precisam de uma tarefa, caso contrário rapidamente se tornam "desconfortáveis". Certamente que nem todos têm a oportunidade de deixar o seu rebanho Entlebucher ter um rebanho de ovelhas ou gado, mas ainda assim deve arranjar algum trabalho. Para além da participação em desportos caninos ou treino como cão de rastreio, avalanche, resgate e terapia, também podem ser coisas bastante banais que significam variedade para o Entlebucher e que lhe podem ser ensinadas. O principal é que ele tem a sensação de que é necessário. Por exemplo, pode ensiná-lo a colocar os seus brinquedos de volta numa caixa ou ele carrega o jornal diário depois de este ter sido retirado da caixa de correio.

O Entlebucher não é um cão para "chefes de casa".

Pensará certamente em algo significativo a ver com o animado e animado Entlebucher. Uma coisa é certa, ele não é um cão para pessoas que gostam de ficar em casa e não são activas nas suas vidas. Verdadeiramente nenhum humano pode acompanhar a sua energia e resistência, mas pode divertir-se muito com ele e partilhar a diversão do exercício diário com ele.

Entlebucher Mountain Dogs constrói uma relação muito próxima com o seu cuidador e a sua família. Portanto, mantê-lo num canil está fora de questão. Entende-se muito bem com outros animais de estimação, tais como os gatos. Ele é simplesmente um cão de família ideal.

Mas no que diz respeito a viver com crianças pequenas, deve-se manter um olho no Entlebucher. Ele não é agressivo e desagradável, mas devido ao seu temperamento pode por vezes ser impetuoso. É importante que lhe sejam mostrados limites claros. Devido à sua elevada inteligência, é ideal para ser treinado como cão de salvamento ou de localização. Para "cães principiantes" ele só é adequado numa medida limitada, uma vez que levará muitos cães principiantes aos seus limites devido à sua natureza activa e à sua resistência.

Tudo o que precisa de saber sobre a criação de cães de montanha e clubes de criação

Como se encontra um bom criador de cães de montanha?

Se quiser comprar um cão de montanha independentemente do sub-cachorro, nunca deve ir a nenhum vendedor não fiável que também possa oferecer os seus animais a um preço baixo. Isto é fortemente desencorajado. Da mesma forma, deve manter as suas mãos longe das compras através da Internet. Cem por cento destes são os chamados "bandos de criadores" que oferecem cães doentes. Os criadores de reputação têm muitas vantagens, que são apresentadas abaixo.

Conhecer o canil pela primeira vez: É a isto que deve prestar atenção.

A decisão já foi tomada? Quer um cão da montanha? Já perguntou à associação de criadores sobre um criador na sua área ou foi-lhe recomendado um? A primeira reunião e o visionamento estão mesmo ao virar da esquina? Agora, é claro, está muito entusiasmado e a expectativa é enorme. Mas agora tudo não deve ser ignorado. É preciso olhar cuidadosamente para o canil. Em alguns casos, o criador tentará primeiro falar consigo e descobrir mais sobre o novo proprietário. Criadores dedicados irão perguntar onde e como o cachorrinho irá viver no futuro. Em contrapartida, o novo dono pode fazer perguntas ao criador antes dos cachorros fazerem a sua primeira aparição.

As seguintes condições devem ser dadas se se tratar de um canil sério:

- Cada canil terá o cheiro de cão. Afinal de contas, eles vivem lá. No entanto, não deve cheirar demasiado forte ou como a urina e as fezes.
- As **instalações** e os caixotes de lixo devem estar arrumados e limpos.
- Todos os cães têm uma ligação com a família.

- Pode **perguntar** o que quiser sobre a raça e o criador responderá às suas perguntas com calma e tranquilidade.
- O criador quer saber para onde irão os seus cachorros da montanha.
- Os cachorros têm confiança no criador e não mostram qualquer comportamento conspícuo, tal como o medo.
- Os cachorros são **inteligentes** e **curiosos.**
- Apenas um certo número de cães permanece na área.
- Os cães causam uma impressão saudável.
- **Pode-se voltar para** mais visitas.

O primeiro olhar para dentro da caixa de cachorros

Uma vez esclarecidas as questões em aberto entre o criador e o comprador, chegou finalmente o momento em que se vêem os cachorros pela primeira vez. Cheio de alegria, observará os cachorros e escolherá um especificamente ou deixará o seu instinto decidir que cachorro será. Mas no meio de toda esta "felicidade de cachorro", por vezes ignoram-se possíveis indicações não tão agradáveis de como os cachorros se sentem e dão. Será que os pequenos cães de montanha causam uma impressão saudável? São demasiado finos e o casaco é desgrenhado ou parecem bastante apáticos? Reagem de uma forma reservada ou medrosa para com o criador?

Deve também olhar de perto para os pais. Os criadores têm geralmente orgulho nos seus animais reprodutores e estão sempre felizes por serem apresentados. Em qualquer caso, deve estar alerta se a mãe não for apresentada ou não estiver perto dos seus cachorros. Então algo está normalmente errado. Também se pode ver como os cães são geralmente alojados. Especialmente para cães de montanha é importante que eles tenham contacto familiar e não sejam alojados sozinhos numa sala ou noutro espaço. Isso não seria apropriado para a espécie.

Além disso, é importante que os cachorros tenham uma grande corrida onde possam correr e brincar uns com os outros.

Criação especializada com educação amorosa

Para os criadores que criam cães de montanha e de gado, o dinheiro não é um problema na maioria dos casos, uma vez que cobrem em grande parte os seus custos de criação com a venda dos seus cachorros. Esta é também a principal razão pela qual nenhum criador faz disto a sua principal profissão. Ninguém conseguirá financiar a sua subsistência com a criação e venda de cachorros. Para estas pessoas, a paixão pela raça está em primeiro plano, assim como a alegria que vem com a criação dos pequenos cachorrinhos. São criadores de passatempos que perseguem a sua paixão e se inscrevem em clubes para este fim. Uma vez registado num clube, o canil é inspeccionado pelo clube a intervalos regulares. O criador deve aderir aos requisitos estabelecidos relativamente à manutenção dos progenitores reprodutores. Os cachorros são também cuidadosamente examinados e avaliados. Criadores respeitáveis frequentaram cursos de formação e são obrigados a adquirir conhecimentos especializados. A criação inclui também que o criador se encarregue da educação e socialização de uma forma lúdica. Nas primeiras semanas de vida dos cachorros, esta tarefa será assumida pela mãe. Mas assim que os pequenos cães começarem a explorar o seu ambiente longe da caixa do cachorro, não há problema em começar com algumas regras básicas. No melhor dos casos, o pequeno Sennenhund já conhece alguns eventos:

- o Pessoas de diferentes idades (crianças, adultos, idosos)
- o Outros cães e animais de estimação que vivem no lar
- o Objectos e ruídos diários que são comuns no lar (aspirador de pó, máquina de lavar louça e de lavar roupa, TV)
- o Coleira, arnês de peito e trela de cão
- o Possivelmente a conduzir num carro
- o Água

- o Várias superfícies, por exemplo, alcatifa, chão de madeira, azulejos, relva e chão de pedra
- o Estímulos ambientais e condições atmosféricas

É bom para o cachorro da montanha se já foi capaz de conhecer toda uma série de coisas. Isto torna-lhe mais fácil tornar-se equilibrado e calmo. Nada vai perturbar o cachorro tão rapidamente. Mas a responsabilidade da socialização não cabe apenas ao criador, mas também ao comprador, que deve continuar a trabalhar nela e habituar o cachorro à vida. Afinal, o cuidado está agora nas mãos do novo proprietário há vários anos.

Conformidade com a norma da raça

O principal objectivo na criação deve ser sempre a saúde e o temperamento dos cães que cumprem o padrão da raça. A fim de assegurar isto, os requisitos aplicáveis a todas as instalações de reprodução são muito rigorosos. Por exemplo, os testes de saúde são obrigatórios para todos os cães de montanha e de gado e a avaliação da aparência externa, bem como do carácter impecável, são cruciais. Por conseguinte, os testes de aprovação de criação têm a sua razão de ser e os cães apresentados são examinados em grande detalhe. Os cães com problemas de saúde ou traços indesejáveis são eliminados sem compromisso. Isto assegura que os descendentes são saudáveis e têm uma natureza equilibrada e calma.

Cachorros saudáveis através de pais saudáveis

Infelizmente, os cães de montanha não são uma das raças de cães que têm uma elevada esperança de vida. Algumas doenças ocorrem mais frequentemente nas mesmas do que noutras raças. No entanto, os criadores estão a tentar reproduzir especificamente estas doenças e aumentar a esperança de vida. Uma vez que esta raça em particular está a tornar-se cada vez mais popular, é também conhecida dos "criadores"

que, em última análise, só procuram o dinheiro. Estes cachorros não crescem em nenhum canil respeitável. Não são efectuados exames veterinários e muito menos vacinações. São principalmente estes cachorros que descem com certas doenças numa idade precoce que podem estar presentes:
1) Displasia da anca e do cotovelo
2) Osteochondrosis Dissecans (OCD - doença do tecido cartilaginoso)
3) Histiocitose maligna (doença tumoral)
4) Doenças renais
5) Mielopatia degenerativa (lesão da medula espinal)

A fim de dar aos cachorros um início de vida saudável, os bons criadores têm o cuidado de acasalar apenas os pais que tenham sido examinados para detectar doenças e os resultados tenham sido registados por escrito. Normalmente, os criadores também farão outras coisas para garantir que tenham uma ninhada saudável. A cadela escolhida é verificada quanto ao seu estado de saúde, recolhem-se esfregaços, ela é desparasitada e o seu estado de vacinação é verificado. Se a cadela estiver grávida, o veterinário acompanhá-la-á para que quaisquer riscos ou complicações possam ser detectados precocemente. Se o nascimento for iminente, o criador não perderá a sua cadela de vista e observá-la-á dia e noite. Se necessário, ele irá ajudá-la a dar à luz.

Quando é que se pode ir buscar um cachorrinho de cão de montanha ao criador?

Por uma questão de princípio, os cachorros só podem ser recolhidos depois de toda a ninhada ter sido inspeccionada e aprovada por um inspector de raça. O inspector de criação vem normalmente entre a 9ª e a 12ª semana. Nessa altura, os cachorros já devem ter sido vacinados e desparasitados. Devem também ser microchipados. Contudo, um comprador tem normalmente a oportunidade de ver a ninhada na quarta ou quinta semana. Muitas vezes é permitido aos compradores virem uma segunda vez até o momento da entrega chegar finalmente. Alguns criadores também enviam fotografias para que o tempo de espera para o comprador não seja demasiado longo. É importante que os cachorros fiquem com os seus irmãos e a mãe durante as primeiras semanas, pois esta é também a importante fase de impressão para eles e o início da socialização.

Não se esqueça de fazer algumas perguntas ao criador.

O criador tem gostado cada vez mais dos seus cães da montanha e alguns deles vertem lágrimas quando os cachorros são recolhidos. Por conseguinte, também quer, compreensivelmente, saber para onde irão as suas acusações e como viverão lá. É bastante normal que o criador faça perguntas sobre o lar ou se tem experiência com cães. Naturalmente, é uma vantagem poder obter informações e dicas valiosas do criador e que ele possa apontar características especiais. Tem agora a oportunidade de fazer perguntas ao criador e ele responder-lhes-á pacientemente. Também notará se estiver inseguro e, portanto, dar-lhe-á conselhos. Mesmo que tenha problemas mais tarde ou não esteja seguro sobre nutrição, poderá sempre falar com um bom criador e obter conselhos.

Existe um contrato de venda quando se compra um cão?

É celebrado um contrato de venda com criadores de renome. Se comprar um cão, são registados no contrato de venda dados-chave importantes relativos ao comprador e ao criador. Além disso, um contrato de venda contém todas as informações importantes sobre o cão, por exemplo, data de nascimento, sexo e possíveis falhas ou desvios em relação ao padrão. Na maioria dos casos, tem mesmo o direito de devolver o cão se se verificar que foi dada informação grosseiramente negligente ou que o cão fica muito doente. Além disso, o pedigree com a prova de origem, o certificado de vacinação, o número do microchip do chip implantado e os relatórios dos check-ups veterinários são entregues quando o animal é entregue.

O que deve ter em atenção nos primeiros dias quando o cão da montanha se muda para cá?

Quando pegar no cachorro do criador, esteja preparado para a criaturinha uivar quando ele estiver separado da sua mãe e dos seus irmãos. Ele sente a sua falta. Para facilitar a fase de aclimatação, o criador dará normalmente um manual ou dicas úteis pelo caminho, bem como um cobertor ou algo semelhante com cheiros familiares para o cachorro.

É importante que alguém esteja sempre com o cachorrinho durante os primeiros dias e semanas, para que ele ganhe confiança no seu cuidador e família durante esta fase de desenvolvimento e para que a transição seja mais fácil para ele. Deve ser tido em conta o seguinte:
- ✓ O cachorro deve primeiro explorar a sua nova casa por si próprio.
- ✓ Os visitantes não devem vir nos primeiros dias para que o cachorro da montanha se possa habituar a ele.
- ✓ O cachorro deve ser mostrado onde pode dormir e onde pode encontrar água e comida.
- ✓ Não se deve empurrar o cachorro para vir ter consigo. Fará tudo isso sozinho.
- ✓ No entanto, o pequeno tem de aprender regras desde o dia em que se muda para cá.

O preço do cachorro é provavelmente de cerca de 1000 a 1300 euros. Decisivo para uma criação séria é que todos os documentos necessários, um pedigree, resultados de exames veterinários e vacinações estejam disponíveis. O criador deve também fornecer informações sobre a medida em que os pais se submeteram a todos os exames de saúde necessários e recomendados. Isto inclui exames médicos para doenças tais como displasia da anca, displasia do cotovelo, osteocondrose dissecante (OCD), doenças oculares, luxação patelar, doenças cardíacas e renais.

A fim de esclarecer previamente as questões, é essencial conhecer melhor o criador. Só numa conversa pessoal poderá ter uma ideia do estado dos animais e das instalações e convencer-se dos conhecimentos do criador.

Existem os seguintes clubes na Alemanha para as raças de cães de montanha:
- Clube Alemão para Cães de Montanha Berneses e.V. (membro da VDH)
- Schweizer Sennenhund-Verein für Deutschland e.V. (Membro da VDH)
- Bernese Mountain Dog Club e.V.
- Bernese Mountain Dog Club e.V.

Conclusão

Os Appenzeller, Bernese ou Entlebucher Mountain Dogs são grandes companheiros e fazem bons cães de família. São todos gigantes gentis, sendo o Entlebucher um pouco fora do comum, que se destacam pela sua simpatia e amabilidade. Embora nem todos os sub-criados, por exemplo o Cão de Montanha Bernês, sejam igualmente desportivos, todos eles adoram exercício suficiente. Criados como os chamados "cães de quinta", a sua tarefa era em tempos proteger e guardar grandes manadas de gado e quintas. Até hoje, esta tarefa está nos seus genes, o que também é facilmente visível em uma ou outra das raças Sennenhund. As três raças de cães de montanha precisam de ser exercitadas de uma forma apropriada à sua espécie e de ter algo para fazer todos os dias para que possam levar uma vida feliz.

É muito típico para esta raça que amem muito os seus humanos e a sua família e sofram quando são excluídos da sua "matilha". Para os principiantes na criação de cães, contudo, as três raças são apenas adequadas numa medida limitada, uma vez que por um lado têm uma linha teimosa e nem sempre cumprem necessariamente a vontade do seu dono ou amante, e por outro lado precisam de muito exercício e tarefas mentais que têm de dominar todos os dias. Se isto não for dado e eles ficarem aborrecidos, podem ficar bastante rabugentos. Infelizmente, a esperança de vida das três raças de cães de montanha não é muito elevada e ainda existem certas doenças hereditárias que os cães podem contrair.

Apenas o Entlebucher é ainda hoje uma raça muito rara, que se está a tornar cada vez mais popular. O animal impressiona com o seu corpo muscular, a sua agilidade e o seu amor pela manipulação de crianças. Mas também pode ser um pouco impetuoso quando não é exercitado. Como o número de criadores na Alemanha é muito pequeno, um será colocado em lista de espera ao comprar um Entlebucher.

Os cães da montanha podem ser utilizados muito bem como cães de rastreio, avalanche, resgate e terapia, assim como em mantrailing. Podem até ser utilizados como cães de rastreio da polícia. No entanto, antes de adquirir um dos cães da montanha, é preciso estar atento a alguns pontos:

1. Esta raça consome muito tempo
2. Esta raça deve estar activamente empenhada
3. Tem uma esperança de vida relativamente baixa

É também importante escolher um criador respeitável que esteja registado num clube e que esteja disposto a responder a perguntas repetidas vezes e que também dará conselhos e apoio numa fase posterior.

Sobre esta série:
O meu cão para a vida

Este é o sétimo volume de uma série de guias compactos e reais sobre treino de cães. As raças e os temas individuais dos cães são apresentados por autores que têm muitos anos de experiência e amor por cães. Desejamos-lhe muitos anos felizes e descontraídos com o seu amigo de quatro patas!

Ficaríamos satisfeitos com uma avaliação positiva!

Impressão

A obra, incluindo todo o seu conteúdo, está protegida por direitos de autor. A reimpressão ou reprodução, total ou parcial, bem como o armazenamento, processamento, duplicação e distribuição utilizando sistemas electrónicos, no todo ou em parte, é proibida sem a autorização escrita do autor. Todos os direitos de tradução reservados. O conteúdo deste livro foi pesquisado com base em fontes reconhecidas e verificado com grande cuidado. No entanto, o autor não assume qualquer responsabilidade pela actualidade, exactidão e exaustividade das informações fornecidas. As reclamações de responsabilidade contra o autor, que se referem a danos de natureza sanitária, material ou idealista, que foram causados pela utilização ou desuso da informação apresentada e/ou pelo uso de informação incorrecta e incompleta, são em princípio impossíveis, se por parte do autor não houver culpa, como pode ser provado, deliberada ou grosseiramente negligente. Este livro não é um substituto para o aconselhamento e cuidados médicos e profissionais. Este livro refere-se a conteúdos de terceiros. O autor declara expressamente que no momento da criação das ligações, nenhum conteúdo ilegal era discernível nas páginas ligadas. O autor não tem qualquer influência sobre os conteúdos ligados. Por conseguinte, o autor dissocia-se expressamente de todos os conteúdos de todas as páginas ligadas que foram alteradas após a criação da ligação. Por conteúdos ilegais, incorrectos ou incompletos e especialmente por danos resultantes da utilização ou não utilização de tais informações, apenas o fornecedor da página ligada é responsável, e não o autor deste livro. Todos os direitos reservados.

M. Mittelstädt, Sherif Khimshiashvili Street N 47 A, Batumi 6010, Georgia

All Rights Reserved.

© copyright 2022 Luis Silva

Lightning Source UK Ltd.
Milton Keynes UK
UKHW021554020922
408223UK00010B/853